이마고 데이

이마고 데이

하나님의 모습을 찾아서

IMAGO DEI

구유니스 지음

Bmk
magazine&publishing

책을 내면서

성화聖畵에 대해 여러 해 동안 써온 글들이 모여 한 권의 책이 되었습니다. 작품을 대할 때마다 의도하지 않았지만 떠오른 생각들을 적었고, 특별히 출판 계획이 있었던 것은 아니었습니다. 그러나 글들을 한데 모으자, 내 안에 그리스도교 신앙에 대한 많은 질문과 부족한 답들이 있다는 것을 알게 되었고, 이 명화들을 그린 거장들에게서도 그 모습을 찾을 수 있었습니다. 나아가 이 성화 컬렉션을 글과 함께 책으로 낸다면, 신앙에 대해 다양하게 질문하고 답하는 것을 독자들도 자연스럽게 받아들이지 않을까 생각했습니다.

결과적으로 30여 편의 글에서 그리스도교의 여러 중요한 주제가 다루어진 것 같습니다. 글을 쓰면서 생각지도 못했던 것들을 느꼈습니다. 무엇보다 성화를 대하는 나의 첫 관점과는 다르게 글이 흘러가서 새로운 결론이 생겼고, 연관이 없는 작품들이 같은 주제로 모아졌습니다. 그리고 그 주제들은 평소 관심이 없거나 중요하게 생각하지 않은 것이기도 했습니다.

책에 실은 성화들은 교회미술이 미술사의 중심일 때의 작품이 아니라는 공통점이 있습니다. 카라바조와 미켈란젤로의 작품 등에서

볼 수 있었던 교회미술이 15세기 르네상스를 기점으로 서서히 쇠퇴하게 됩니다. 이 책의 작품들은 인본주의가 무르익고 교회 권력이 약해지는 시대적 흐름에서 다시 종교미술을 추구했던 화가들의 작품입니다. 그래서 그리스도교에 대한 개인의 신앙과 사유의 산물들이기에 그 가치가 크다고 생각합니다.

어떤 작품은, 예를 들자면 본문 중 장 미셸 바스키아의 작품인데, 성화로 분류해야 할지 모호하기도 합니다. 그가 종교적인 삶이나 종교미술을 추구한 시기가 있지도 않았고, 그의 작품 경향에서 의외이기 때문입니다. 그러나 화가들이 한 주제를 두고 작업을 할 때 그들의 내면에 깊이 그 주제를 품고 있을 수 밖에 없었음을 생각한다면 충분하다고 보았습니다.

그리고 작품들 전체에 흐르는 추상성은 현대를 살아가는 우리에게 자유로운 해석의 길을 열어줄 것입니다. 이 책을 읽는 독자들과 필자의 생각이 다를 수 있고, 세월이 흐른 뒤에 필자가 다시 이 작품들을 대했을 때 또 다른 시각으로 볼 수 있으리라 생각합니다.

책의 제목인 이마고 데이(Imago Dei, The Image of God), 즉 하나님

의 모습은 우리가 평생 알려고 애쓰는 주제입니다. 한 존재의 모습은 눈으로 본다고 해서 알 수 있는 것이 아니라, 어떤 상황에서 겪는 경험과 서로의 관계에서 알 수 있습니다. 특히 하나님에 대해 자신이 명확하게 알고 있다고 생각하더라도 그것은 부분적입니다. 하나님의 모습에 대한 1차 자료는 바로 성육신하신 예수 그리스도이며, 성서를 비롯해 이 성화들은 그 후의 순차적인 자료들이라고 할 수 있습니다. 성화를 토대로 쓴 필자의 글을 통해 하나님의 모습에 대하여 물을 수 있기를 바랍니다. 본문의 성서 인용 구절에 사용된 성서는 대한성서공회의 새번역본입니다. 성서를 접해 보지 않은 독자를 고려했습니다.

글을 쓸 때마다 첫 독자이자 책 출간을 뜨겁게 지지해주신 사랑하는 어머니와 가족 그리고 출판 시도가 흔들릴 때마다 든든한 격려와 기도를 아끼지 않았던 분들께 감사합니다. 또 출판사 Bmk의 안광욱 대표님과 김미진 선생님께 감사를 전합니다. 필자의 원고를 책으로 만들기까지 적절한 조언과 격려를 해주셨습니다.

2022년 2월, 구유니스

차 례

조르주 루오와 함께하는
사순절, 고난주간 그리고 부활절

작가 미상, 〈바다 위의 폭풍 Der Sturm auf dem Meer〉, 1020

바다 위의 폭풍

11세기의 경전 사본에 있는 작자 미상의 작품입니다. 오래전의 작품이지만 단순화한 선으로 긴박한 상황과 예수의 가르침을 함축적이고도 생생하게 표현하여 시간의 간격을 크게 느끼지 않게 합니다. 짐작하시겠지만, 〈마가복음〉 4:35~41의 장면입니다.

그날 저녁이 되었을 때에 예수께서 제자들에게 말씀하셨다.
"바다 저쪽으로 건너가자."
그래서 그들은 무리를 남겨두고, 예수를 배에 계신 그대로 모시고 갔는데, 다른 배들도 함께 따라갔다. 그런데 거센 바람이 일어나서, 파도가 배 안으로 덮쳐 들어오므로, 물이 배에 벌써 가득 찼다. 예수께서는 고물에서 베개를 베고 주무시고 계셨다. 제자들이 예수를 깨우며 말하였다.
"선생님, 우리가 죽게 되었는데도 아무렇지도 않으십니까?"
예수께서 일어나 바람을 꾸짖으시고, 바다더러
"고요하고 잠잠하여라"

하고 말씀하시니, 바람이 그치고 아주 고요해졌다. 예수께서 그들에게 말씀하셨다.

"왜들 무서워하느냐? 아직도 믿음이 없느냐?"

그들은 큰 두려움에 사로잡혀서 서로 말하였다.

"이분이 누구이기에, 바람과 바다까지도 그에게 복종하는가?"

화면 전체의 검푸른 색은 어두운 저녁 바다의 거센 바람과 물결을 표현했습니다. 그림의 가장자리를 뚫고 나올 듯한 뱃머리 표정과 거칠게 펄럭이는 돛은 폭풍이 부는 험난한 상황을 보여줍니다. 자연의 힘에 압도된 채 두려움에 사로잡힌 열두 제자의 24개 눈동자는 휘둥그레졌습니다. 예수는 이런 상황을 모르는지 아랑곳하지 않고 잠들어 있습니다. 한 제자가 (크게 그려진) 손을 내밀며 예수께 도움을 청하는데, 폭풍우 속에서도 예수만은 무풍지대에 있는 듯 눈을 지그시 감은 채 있습니다. 뱃전 밖으로 드리워진 그의 옷자락은 바람에 날리지도 않습니다. 만일 당시에 저 사건을 신문에 보도한다면 저 한 컷의 그림으로 독자들에게 모든 것을 말했을 것입니다.

예수가 바람과 바다를 잠잠하게 한 뒤 제자들에게 "왜들 무서워하느냐? 아직도 믿음이 없느냐?"라고 했습니다. 여기서 '믿음'은 무엇에 관한 것일까요?

제자들 자신이 폭풍을 잠잠하게 할 수 있으리라는 믿음, 혹은 예수와 같은 배를 타고 있다는 것에 대한 믿음일까요? 한참 동안 곰곰

이 생각한 결과 제 마음에 다가온 결론은 다음과 같았습니다. 그것은 '주님의 세계에 거하고 있다는 믿음. 혹은 주님을 믿으면 능력자가 된다는 것도 아니고, 주님과 거한다고 해서 어려움이 비켜간다는 것도 아닌, 주님의 세계에, 그 초대에 함께하는가에 대한 믿음이 아닐까'입니다.

우리가 세상에서 어려운 일을 지나가야 할 때 이 그림을 떠올린다면 이미 주님의 세계에 초대받았다는 것을 기억할 수 있습니다. 그림은 문자처럼 단정적이지 않아서 이 작품에 표현된 그 이상以上을 바라볼 수 있을 것입니다.

1931

chagall

마르크 샤갈 Marc Chagall, 〈아브라함 Abraham〉, 1931

아브라함

한 사람이 웅크리고 있습니다. 샤갈이 그린 이 작품은 아브라함이 본토와 친척이 있는 고향을 떠나 미지의 땅으로 갈 것을 결정할 때의 모습이라고 알려져 있습니다.

그때뿐이었겠습니까? 우리가 알기로는 아브라함에게 이런 일이 여러 번 있었습니다. 성서에 일대기 형식으로 묘사된 그의 인생의 고비들을 떠올려보면 그때마다 아브라함은 이 모습이었을 것입니다.

이 작품에서 아브라함은 몸을 공처럼 웅크린 채 미동도 없이 집중하고 있습니다. 그의 옆에는 소박해 보이는 물항아리와 지팡이가 있습니다. 아브라함의 막막한 현실에 함께하는 작은 소유물인 물과 지팡이는 유목민인 그의 삶에 필수품으로, 〈시편〉의 기자들이 주님을 생명수, 지팡이와 막대기에 비유한 것과 같은 맥락으로 보입니다.

아브라함의 눈은 아래를 향하고 입은 굳게 다물고 있습니다. 그의 얼굴, 손과 발은 미동도 없이 한 방향으로 나열되듯이 그려졌는데, 무기력함과 간절함이 느껴지는군요. 이 작품을 보면서 나 자신을 떠올리지 않을 수 없습니다. 이렇게 멈추어서 공처럼 웅크리고는 갈 바를 알지 못하고 정지했던, 안으로 침잠하고 집중할 수밖에 없던 때, 멀리 있는 것을 보기 위해 눈을 가늘게 뜨듯이, 보이지 않는 하나님을 보려고 내 안의 눈을 가늘게 뜨려고 애쓰던 때 말입니다.

　작품의 상단에 있는 천사는 아브라함과 대조적입니다. 눈을 크게 뜨고 입으로 외치며, 온몸을 펼치고 방향을 가리키고 있는 역동적인 모습입니다. 아브라함의 눈에, 우리의 눈에 저 천사의 모습이 보이지 않지만 저 천사는 보이지 않는 현실인 하나님과 그 나라입니다. 볼 수 있는 현실은 멈추어 있어서 해결의 길이 보이지 않고, 보이지 않는 현실은 운동성이 있으며 그 길을 가리키고 있습니다. 또한 천사가 팔을 뻗어 움직이는 모습을 보면, 웅크리며 멈추어 있는 아브라함에게 자신의 존재를 느낄 수 있도록 하려는 것 같습니다. 그림이 위아래로 나뉘어 있어서 마치 보이지 않는 현실은 아브라함과 다른 세계를 이루는 것 같지만, 그것은 그를 붙들고 있는 세계이며 지금의 아브라함을 이끌었고, 또한 그 너머를 바라보도록 하는 힘입니다.

　　내 영혼이 연약할 때 주님은 내 갈 길을 아십니다.

〈시편〉 142:3

　〈시편〉 기자의 이 고백이 샤갈의 평면에서 공간감을 가지고 표현되었습니다. 아브라함의 정지에는 보이지 않는 운동성이 있습니다. 나에게도 지금 하나님의 현실과 잇닿으려는 웅크림의 정지가 필요함을 느낍니다.

마르크 샤갈, 〈인간의 창조 La création de l'homme〉, 1956~1958

인간의 창조

마르크 샤갈의 '성서 메시지' 중 〈인간의 창조〉입니다. 예전 유대인 미술관에서 본 샤갈의 어록에서 그는 "내가 유대인이 아니었다면 화가가 되지 않았거나 전혀 다른 화가가 되었을 것이다"라고 했는데, 그의 민족적인 정체성이 화가로서의 작업에 근본적인 영향을 주었음을 알 수 있습니다. 이 작품은 성서를 주제로 삼았지만 카라바조나 렘브란트, 루오의 성화처럼 종교적 거룩함과 엄숙함 등은 찾아볼 수 없고 친근한 동화나 꿈결 같은 느낌입니다.

주제가 인간을 비롯한 세상의 창조인데, 이미 많은 인간 군상이 역사성을 가지고 그려져 있어서 작품을 읽어내는 것을 어렵게도 합니다. 하나씩 알아갈수록 유대인으로서는 드물게 예수 그리스도의 구원과 종말까지 관통하는 샤갈의 세계관을 엿볼 수 있습니다. 보통 창조 주제의 성화에서는 세상의 시작을 표현할 때 등장하는 요소들이 한정되는 편입니다. 그러나 샤갈의 이 작품에서는 2차원의 화폭에 창조부터 인간의 역사와 구원, 종말에 이르는 것을 모두 나타내어 앞으로 완성되어야 할 인간과 세상을 향한 창조주의 뜻을 미리 보여주고 있습니다.

이 작품은 세 부분으로 나뉩니다. 천사가 아담을 안고 있는 장면이 화면의 반 이상을 차지하고, 우측 상단에는 많은 사람이 각각의 의미를 가지고 태양과 바람개비를 닮은 형상 주변에 표현되었습니다. 그리고 좌측 상단에는 황금빛을 배경으로 한 상징들 그리고 우측과는 다른 세계에 속한 무리들이 있습니다. 솔직히 이 모든 의미를 읽어낼 자신은 없지만 할 수 있는 만큼 해보려고 합니다.

먼저 인간 창조의 순간, 그 현재형을 나타내는 부분에 천사가 아담을 안은 채 발을 땅에 딛고 있습니다. 〈창세기〉에는 흙으로 사람을 만들어 그에게 생령을 불어넣었다고 되어 있는데, 샤갈은 땅 위에 출현한 아담을, 흙으로부터 창조되었다는 물성物性으로보다는 천사의 안위로 이 땅에 존재하게 된 영적 존재로 표현했습니다. 우리도 흙으로 여러 모양을 빚어본 경험이 있지만, 생명으로 지음을 받으려면 진정 중요한 것은 '생령'입니다. 이 작품에는 창조주라고 할 만한 형태는 없습니다. 이 점은 유대적인 신앙의 소산이라 할 수 있습니다. 천사라는 표상을 통해 인간의 창조가 이루어지는데 천사의 모습이 독특합니다. 천사는 흔히 긴 옷자락을 끌고 날개가 있는 모습으로 표현되는데 샤갈의 천사는 바지를 입어 그 굳건한 다리를 강조하며 드러내었습니다. 땅에 깊이 착지하고 날개는 위를 향해 힘차게 솟아 있으며,

서로 다른 두 날개깃 색은 상단의 다른 배경색의 두 세계를 아우르는 천사의 활동을 말하고 있습니다. 그리고 지시를 기다리는 하위자의 눈으로 화면 밖의 창조주를 향하고 있습니다.

아직 깨어나지 않은 순수한 얼굴의 아담은 악의 근원으로 묘사되는 뱀의 어두움이 존재하는 곳에서 삶을 시작할 것입니다. 주변의 동물들은 샤갈의 그림에 자주 나타나는 소재인데, 창조의 장면에서는 그들도 이 땅에 지음을 받은 생명들입니다. 또한 우측 하단에 있는 남녀는 아담과 이브입니다. 샤갈은 여러 작품 속에서 연인 벨라와 함께하는 장면을 자주 연출했는데, 이 작품에서는 아담과 이브로부터 자신들에게까지 이르는 에로스의 연장선을 나타냈다고 볼 수 있습니다.

우측 상단의 흰 바탕에는 태양처럼 생긴 붉은 원을 중심으로 무지개 같은 빛이 소용돌이칩니다. 이 빛의 소용돌이는 특별한 상징성이 있을 수 있지만 주변에 시간을 달리하는 성서의 인물들을 동시에 표현할 수 있는, 시공간을 초월하도록 하는 장치로 보입니다. 인간 창조의 화폭에 이 모든 역사를 표현할 수 있는 동력이라고 할까요?

많은 무리들의 불안정한 모습은 이스라엘의 고난의 역사를 말하며, 이것은 우리 인간의 역사이기도 합니다. 그 가운데에서 메시아의 조상인 다윗이 악기를 연주하고 있습니다. 웅크리고 슬퍼하는 자는 하나님과 인간의 약속을 상기시켰던 선지자들 중 한 사람입니다. 또한 이들 사이에 머리에 뿔이 난 존재가 계명의 두루마리를 안고 있는데 그는 모세이고, 촛대를 들어 사다리를 밝히고 있는 사람은 첫 제사장 아론입니다.

우측 상단의 천사는 이 모든 역사의 현실에 개입하는 창조주의 활동성을 나타내고 있습니다. 상단 가운데를 자세히 보면 현대인 복장을 하고 지붕 형태에 거꾸로 매달린 사람이 있는데, 세계대전 중에 절명의 위기에 있던 유대인 혹은 샤갈 자신이 아닐까 생각합니다. 그 옆에는 십자가에 못 박힌 예수 그리스도가 있습니다. 그런데 특이하게도 십자가가 사다리와 결합되어 있습니다. 예수 그리스도는 성서에서 야곱의 사다리처럼 이 땅과 하나님 나라를 이어주는 연결자이기에 좌측 상단의 다른 세계와 인간 역사 사이에 자리하고 있습니다.

이 소용돌이 속에 있는 역사 속 인간들을 헤아려봅니다. 그들의 삶은 지난하며, 지금도 여전히 이어지며 앞으로도 그러할 것임을 말하고 있습니다. 주목할 것은 유대인 샤갈의 신앙입니다. 그림 속 책과 두루마리들은 유대 신앙에서 중요하게 여기는 율법을 표현하고 있지만, 구약의 성서와 오실 메시아를 기다리는 그들의 신앙을 넘어 예수 그리스도의 구원의 역사를 묘사하고 있습니다.

끝으로, 좌측 상단은 황금색으로 물들어 있습니다. 천국을 표현한 것인데, 이 땅의 살아 있는 육체로는 갈 수 없는 곳이며 인간의 미래이자 현재의 삶을 바라보는 세계입니다. 인간 역사의 현실을 향하여 천사는 나팔을 불며, 비둘기 같은 성령과 환호하는 하늘의 무리들이 함께합니다.

샤갈은 세상이 시작되는 그림에 세상의 진행과 미래의 종말을 모두 표현했습니다. 이 그림을 대하고 하나씩 읽어가다 보니 인간이라는 존재의 무거움과 덧없음이 교차합니다. 샤갈은 창조의 순간부터 미래까지 화폭에 담았습니다. 우리는 시간이 미래를 향해 직선적으로 진행한다고 생각하지만, 미래는 창조의 시작과 맞닿아 있어서 직선적 시간성에 대한 생각을 흔듭니다. 또한 인간을 이 땅에 나타난 육체의 물성으로 보기보다는 존재의 출현으로 보고 그 존재가 걸어가야 할 이 땅 그리고 다른 세계로 들어가는 것을 표현하고 있습니다. 이 그림에 나타난 창조의 역사부터 종말에 이르는 장면은 인류의 행로이자 한 인간의 생애이기도 합니다. 화폭에 나타나지 않은 창조주를 바라보는 저 천사의 깊은 눈을 보며, 이 세계 전체로 향하는 창조주를 생각해봅니다.

'안데스 산맥 조난기'와
예수 그리스도의 성만찬

　우연한 기회에 EBS에서 방영하는 다큐멘터리 영화를 보았습니다. 남아메리카에서 있었던 비행 사고에서 생존한 이들에 대해 촬영한 것이었습니다. 그러고 보니 1990년대에 이것을 소재로 한 영화 〈얼라이브Alive〉를 본 적이 있습니다.

　다큐멘터리 제목은 〈안데스 산맥 조난기Stranded : I've come from a plane that crashed on the mountains〉(2007)였습니다. 1972년에 우루과이의 럭비팀과 그 가족들이 눈 덮인 안데스 산맥을 비행하다가 추락 사고를 당한 후 72일 만에 그중 일부가 구조된 내용입니다.

　45명 중에 16명이 생존했으며 30여 년이 지난 후에 그들의 증언을 토대로 이 다큐멘터리가 진행됩니다. 영화 〈얼라이브〉에서도 묘사되었지만 생존자들은 죽은 가족과 친구들의 인육을 먹으면서 생명을 유지했고, 그중 두 명이 눈 덮인 산맥을 뚫고 인가를 찾아 내려와서 구조됩니다. 생존자들이 건강한 육체를 가진 럭비 선수들인 점, 평소 팀워

크가 형성되어 있었던 점이 생존에 도움이 되었겠지만, 결정적으로 그들의 연명 방식이 카니발리즘carnibalism, 즉 '식인'이었다는 사실이 커다란 충격을 주었습니다. 그러나 두 영화 속에서 인간이 겪는 최악의 상황에서 선택할 수 밖에 없었던 그들의 생존 방식을 보며 오히려 고개를 끄덕이게 됩니다.

　그 긍정의 끈이 되어준 생각은 예수 그리스도의 성만찬이었습니다. 72일 간을 압축한 다큐멘터리가 하나의 순례 같은 느낌이었습니다. 그들은 인간성을 지키기 위하여 절차와 순서에 정성과 예의를 갖추고 고인들을 배려했습니다.

2000년 전 예수가 3년간 동고동락한 제자들에게 "나를 기억하라" 하시며 명한 것이 성만찬입니다. "이는 나의 살이니 먹고, 이는 나의 피니 마시라"는 이 말씀은 당시의 제자들과 초기 공동체의 성만찬이 전승되는 과정에서 마치 카니발리즘의 대사로 오인될 정도였을 것입니다. 왜 많은 방식 중에서도 예수는 자신을 전승하기 위하여 성만찬을 택했을까? 하는 의문이 있었는데, 마침 이 다큐멘터리를 보면서 조금은 힌트를 얻게 되었습니다.

첫째는 친절한 방식입니다. 우리는 각자 인식의 한계를 갖고 살아가며 예수를 생각할 때에도 그 테두리 안일 수밖에 없습니다. 그래서 친절하게도 예수는 우리의 인식 안으로 그를 기억할 수 있는 방식을 허락했다는 것이지요. 누구나 알 수 있는 방식, 누구나 좋아하는 방식, 누구에게나 필요한 방식인 '만찬'을 통해서 말입니다.

둘째는 감사와 부끄러움의 방식입니다. 이 조난의 생존자들이 지인들의 육신을 먹을 때 마음속에 만감이 교차했을 것입니다. 마찬가지로 우리가 성만찬을 대할 때 감사와 부끄러움과 기쁨이 밀려오는 것처럼, 인간 본성을 토대로 한 감성의 방식입니다.

셋째는 충격의 방식입니다. 생존자들은 자신들이 먹은 지인들을 잊을 수가 없다고 했습니다. 충격적이고 강력한 기억의 방식! 예수의 몸을 나누는 성만찬도 이런 동일함으로 2000년간 기억의 면면을 이어오는 방식이라 할 수 있습니다.

넷째는 절체절명絶體絶命의 방식입니다. 우리에게는 먹을 음식이 있어서 굶주림에 의한 절체절명이라는 단어가 와닿지 않겠지만, 이 다큐멘터리를 통해 그것이 무엇인가를 느낄 수 있습니다. 마찬가지로 홀로 진정한 생명인 예수 그리스도를 통하지 않으면 살 수 없다는 절체절명 앞에서는 그의 몸을 먹어야 한다는 것입니다.

오랫동안 반복하여 참여하는 성찬식에는 표현할 수 없는 묵직함이 있습니다. 그 묵직함의 귀퉁이를 가끔씩 캐다 보면,

"내 살을 먹고, 내 피를 마시는 사람은 내 안에 있고, 나도 그 사람 안에 있다."

〈요한복음〉6:56

라고 한 주님의 뜻을 더 알아갈 것입니다. 그래서 인간을 잘 알고 생명을 주관하는 그의 성만찬에 늘 기쁨과 기대감을 안고 나아갑니다.

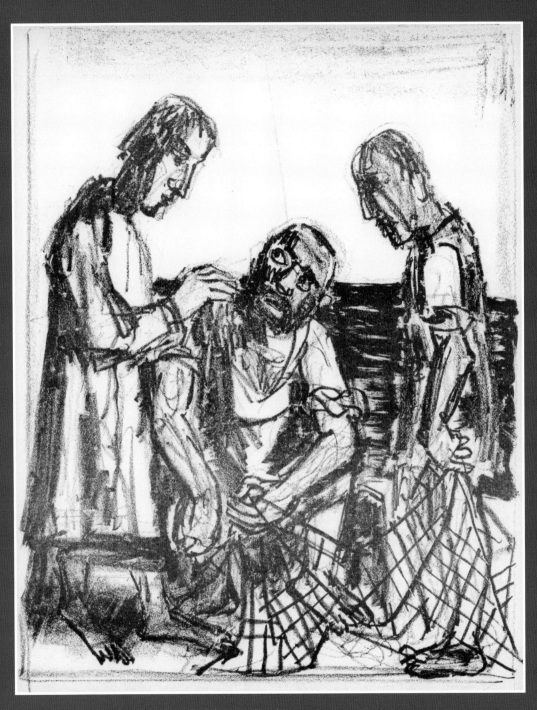

오토 딕스 Otto Dix, 〈베드로를 제자로 부르시는 예수 Jesus calling Peter to discipleship〉, 1960

베드로를 제자로 부르시는 예수

'베드로를 제자로 부르시는 예수'를 오토 딕스가 판화로 표현했습니다. 후에 베드로라 불리는 시몬과 그 형제 안드레가 갈릴리 해변에서 예수의 부름을 대하고 있는 장면입니다. 이 작품에서 주인공은 가운데에 있는 베드로입니다. 왼쪽이 예수이고 오른쪽이 안드레입니다. 수염이 덥수룩한 베드로에 비해 예수는 더 젊은 모습입니다. 안드레는 〈요한복음〉에 의하면 이미 세례 요한의 제자였다가 예수를 따르기로 한 사람입니다. 양쪽 두 사람은 옆모습이고 베드로는 정면을 보고 있습니다. 그런데 예수를 쳐다보는 저 베드로의 오른쪽 눈을 보십시오.

누가 보더라도 이 작품에서 핵심은 베드로의 얼굴 표정, 특히 저 눈동자입니다. 베드로의 저 탐탁지 않은 의심에 찬 표정 때문에 복음서에 이와 관련된 부분이 있었던가 싶어 4복음서의 이 대목들을 다시 읽었지만 어디에도 그런 묘사는 없었습니다.

예수가 베드로를 시작으로 여러 제자들을 부르는 장면들이 있습니다. 그것을 대할 때마다 제자들이 왜? 어떻게? 그의 부름에 함께했을까 하는 의문이 들었습니다. 성서의 장면들에서 너무도 당연하게 한 달음에 나서는 모습은 지금의 우리에게서는 찾아보기 힘듭니다. 저 작품 속의 예수는 젊었고, 그래서 노련하지도 않았습니다. 외모가 뛰어나지도 않았을 겁니다. 그러므로 그를 따를 만한 인간적인 근거가 없습니다. 저 시기는 그의 공생애가 시작되는 때에 불과한데 두 형제는 예수를 따릅니다.

오토 딕스도 작품에서 이러한 의문을 베드로의 표정에 드러내고 있습니다. 두 번의 세계대전에 종군했고 인간의 밑바닥까지 경험했던 딕스의 치열한 리얼리즘은 합당하지 않은 부름에 인간이 어떻게 응대하는지를 보여줍니다.

지금 베드로는 상당히 불편한 표정으로 예수를 바라보고 있습니다. "당신은 누구인가? 그리고 어디로 가며, 왜 나를 부르는가?"라는 질문을 하고 있습니다. 저 표정을 보면서 마음이 쓰라렸습니다. 이 볼품없는 예수라는 젊은이가 자신과 함께하자고 불렀을 때 얼마나 많은 사람의 얼굴에서 저런 표정을 대했을까 싶어서입니다. 이미 많은 사람들을 불렀었지만 함께하기로 한 사람들 가운데 이 어부 형제가 처음이었을지 모릅니다.
어쩌면 베드로의 첫 표정은 이러했을지도 모릅니다. 우리가 예수의 복음을 대했을 때 이러했을 수 있고, 우리가 사람들에게 예수를 전

할 때 그들이 우리를 대하는 표정이기도 합니다.

자, 장차 베드로의 표정은 어떻게 달라질지 궁금합니다.

마르크 샤갈, 〈노아의 방주 L'Arche de Noé〉, 1961~1966

노아의 방주

    샤갈의 '성서 메시지' 연작 중 〈노아의 방주〉입니다. 화면은 온통 푸른색으로 뒤덮여 있고, 제목에서처럼 오래전 세상에 있었던 대홍수를 보여주고 있습니다. 가운데에서 노아가 방주의 창을 통해 새를 밖으로 날려 보내고 있고, 화면 가득히 인간과 동물들이 방주 안에서 제각각의 모습으로 섞여서 대홍수를 피하고 있습니다.

    샤갈은 작품에 늘 각종 동물들을 그리는데 이것은 신의 신성한 불꽃이 만물에 스며들었다고 여기는 독특한 유대주의인 하시디즘Hasidism의 영향으로, 동물을 보는 독특한 관점을 나타냅니다. 동시에 하나님이 지으신 생명들의 의미를 새롭게 바라볼 수 있는 기회이기도 합니다. 즉 이 세계를 이루고 있는 인간과 동물의 생명의 가치는 같으며 화목함을 추구한다는 메시지로 다가옵니다.

    노아의 대홍수는 마치 세상의 창조 그 이전과 비슷한 면이 있는데 하나님이 인간을 창조하던 때와 동일하게 생육과 번성을 노아에게 말씀했습니다. 그림 오른쪽에는 노아의 가족보다 더 많은 사람들이 있는데 이는 미래에 인간이 번성하리라는 예언이자 인간의 생명력을 말합니다.

한편, 그림을 보고 있노라니 무척 소란한 소리가 들립니다. 방주라는 제한된 공간에 인간을 포함해 많은 종류의 동물들이 대재앙을 피하면서 느꼈을 불안하고 불편한 삶의 소리들입니다. 하지만 노아의 얼굴에서는 고요함만 느껴지는데, 그것은 이해할 수 없는 이 상황과 그것의 감추어진 의미를 헤아리고 자신이 무릎 꿇지 않으면 안 될 절대자 앞에 복종하는 데서 오는 잠잠함입니다. 여기서 샤갈의 다른 작품인 〈인간의 창조〉에 나오는 인류의 처음인 아담의 얼굴이 떠오릅니다. 그의 얼굴은 순진무구하고 평화로워 보이는데, 대홍수의 폐허에서 다시 씨를 뿌려야 할 노아의 담담한 모습은 그와는 다릅니다. 세상에 가득했던 죄악의 시절과 이 홍수가 아무런 상관이 없는 게 아니라는 확신, 구원을 받았지만 자신과 가족에게도 보이는 죄의 모습 등 그는 이미 많은 것을 알고 있습니다. 지금 방주에 난 창 밖의 육지를 기다리는 그의 몸짓은 보이지 않는 절대자를 향한 바로 그것입니다.

작품 왼쪽 상단에 있는, 하늘로 이어지는 사다리는 우리의 보이는 현실과 보이지 않는 현실을 이어주는 길이며, 그 사다리가 그림 외진 곳에 선명하게 있는 것은 구원은 분명히 있으며 쉽지 않은 곳에 있지만 우리가 향해야 함을 말하고 있습니다.

샤갈의 화려한 색채와 수많은 무리와 동물들의 면면에 마음을 두다가, 희미하게만 보이던 방주의 창이 또렷하게 보입니다. 그림 한가운데에서 세상의 숨구멍처럼 자리잡고 있습니다.

조르주 루오 Georges Rouault, 〈나를 믿는 자는 죽어도 살 것이다 Celui qui croit en moi, fût-il mort, vivra〉, 1922

나를 믿는 자는 죽어도 살 것이다

교회 같은 공간에 죽은 자들이 있습니다. 양편으로 죽은 자들이 모여 있고, 가운데에 난 길을 따라 계단 위에 십자가를 뒤로하고 죽은 자가 한 명 있습니다. 루오가 그들을 해골로 나타낸 것은 죽음과 관련이 없는 생명은 없기 때문입니다.

가운데에 죽은 자로 표현된 그리스도!

죽어서 썩은 적이 없지만 죽어 썩을 수밖에 없는 존재로 이 땅에 왔습니다. 살아 숨 쉬는 인간들을 이런 시각으로 바라볼 수 있다는 것이 놀랍지만, 인간의 실상이 이러한 것을 생각한다면 우리가 이렇게 바라보지 못한다는 것이 오히려 놀랍습니다.

이 작품의 분위기로 연상되는 〈베드로전서〉 3:19~20, 4:6을 십대 시절 성경공부를 할 때부터 궁금했던 다음 질문과 연결해 생각해보았습니다.

'유대라는 한 지역에 나타난 예수가 어떻게 인류 전체의 구원을 감

당할 수 있는가?'

　그는 영으로, 옥에 있는 영들에게도 가서서 선포하셨습니다.
　그 영들은, 옛적에 노아가 방주를 지을 동안에, 곧 하나님께서 아직 참고 기다리실 때에,
　순종하지 않던 자들을 말하는 것입니다. 그 방주에 들어가 물에서 구원받은 사람은 겨우 여덟 사람밖에 없었습니다.

〈베드로전서〉 3:19~20

　죽은 사람들에게도 복음이 전해진 것은 그들이 육신으로는 모든 사람이 심판받는 대로 심판을 받으나, 영으로는 하나님을 따라 살게 하려는 것입니다.

〈베드로전서〉 4:6

　이 장면은 예수 그리스도 앞에서 모든 인간은 시공간을 초월하여 죽음에 이르는 자들이며 구원을 받아야 할 존재라는 것을 말하고 있습니다. 이미 죽은 자들과 죽을 자들을 구분할 필요 없이 죽음의 한자리에 있다는 것을 보여주고 있습니다. 영원한 생명 앞에서는 과거와 현재, 미래의 인간들은 모두 죽은 자이며, 그리스도의 해결 없이는 저 죽음 밖의 세계를 알 수도 없고 우리도 저 죽은 무리들의 어두운 눈과 앙상한 뼈의 모습으로 있을 수밖에 없습니다.

주여, 우리를 불쌍히 여기소서……

예수께서 마르다에게 말씀하셨다.

"나는 부활이요 생명이니, 나를 믿는 사람은 죽어도 살겠고"

〈요한복음〉11:25

떨기나무 앞의 모세

　모세는 미디안 제사장인 그의 장인 이드로의 양 떼를 치는 목자가 되었다. 그가 양 떼를 몰고 광야를 지나서 하나님의 산 호렙으로 갔을 때에, 거기에서 주님의 천사가 떨기 가운데서 이는 불꽃으로 그에게 나타났다. 그가 보니, 떨기에 불이 붙는데도 그 떨기가 타서 없어지지 않았다.

　모세는 이 놀라운 광경을 좀 더 자세히 보고, 어째서 그 떨기가 불에 타지 않는지를 알아보아야 하겠다고 생각하였다. 모세가 그것을 보려고 오는 것을 보시고, 하나님이 떨기 가운데서

　"모세야, 모세야!"

하고 그를 부르셨다. 모세가 대답하였다.

　"예, 제가 여기에 있습니다."

　하나님이 말씀하셨다.

　"이리로 가까이 오지 말아라. 네가 서 있는 곳은 거룩한 땅이니, 너는 신을 벗어라."

　하나님이 또 말씀하셨다.

"나는 너의 조상의 하나님, 곧 아브라함의 하나님, 이삭의 하나님, 야곱의 하나님이다."

모세는 하나님을 뵙기가 두려워서 얼굴을 가렸다.

〈출애굽기〉 3:1~6

〈출애굽기〉 3장에서 모세가 불타는 떨기나무를 대하는 장면을 그렸습니다. 그림에 두 사람이 있는데 둘 다 모세입니다. 가운데에 있는 떨기나무를 중심으로 두 부분으로 나뉩니다.

오른쪽에 있는 온통 흰 모습의 모세는 쓰러지듯이 앉아 있습니다. 멀리 보이는 양 떼는 그가 지금 광야에서 하고 있는 일을 나타냅니다. 얼굴을 보니 젊을 때는 아닌 것 같습니다.

우리는 모세가 출애굽의 주역이라는 것 때문에 당연히 그가 한창 나이 때라고 생각하는데, 이 그림을 보면서 그 생각을 바로잡았습니다. 모세의 머리에 있는 뿔 같은 것은 그가 이미 이스라엘의 위대한 인물이기에 샤갈이 부여한 힘과 위엄의 상징입니다. 그리고 지나치게 흰 얼굴과 옷은 신비롭게 불타는 떨기나무 앞에서의 두려움 그리고 자신은 아무것도 아니라는 표현입니다. 오른손은 가슴 위에 얹고, 왼손은 좀 더 아래에 두었고, 발은 위 성서 구절처럼 맨발인 채입니다.

가운데에 위치한 불타는 떨기나무를 지나면 모세의 인생과 이스라엘 역사에서 가장 중요한 일들이 시작됩니다. 왼편의 장면을 가만히

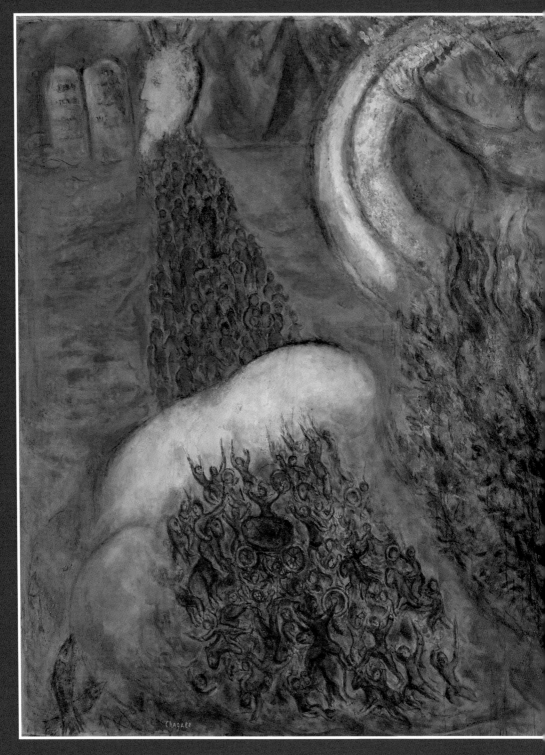

마르크 샤갈, 〈떨기나무 앞의 모세|Moïse devant le Buisson Ardent〉, 1960~1966

보고 있으면 출애굽의 역사와 그것을 표현한 샤갈의 힘이 놀랍습니다. 흰 얼굴이었던 모세의 얼굴을 푸른 빛이 돌 정도의 황금색 낮빛으로 그려 여호와의 영광을 대한 후의 모습을 표현했습니다. 그의 몸체는 이스라엘의 출애굽 역사로 대체되었지만 그 영혼을 나타내는 뿔 달린 얼굴은 그림 밖의 절대자를 향하고 있습니다. 모세의 몸을 이루고 있는 수많은 무리는 홍해를 상징하는 흰 경계를 사이로 두 무리로 나뉩니다. 자세히 보면 흰 경계 아래쪽에서는 사람들과 병마와 무기가 뒤엉켜 아비규환의 비명이 들려오고, 위쪽에서는 백성들이 한 방향을 향해 소리도 없이 빨려 들어가고 있습니다.

이 작품을 새롭게 보게 된 것은 루돌프 오토의 책《성스러움의 의미 Das Heilige》를 읽으면서입니다. 샤갈이 그린 두 모습의 모세를 있게 한 호렙산의 저 떨기나무가 불타는 장면은 어땠을까요? 샤갈의 작품에는 가운데에 불타는 떨기나무가 있고 나무 위에 여호와의 천사가 있으며 주변은 아름다운 색의 무지개로 둘러싸여 있습니다. 모세라는 인물을 통째로 뒤흔들어버린 이 장면. 왕자 신분도, 한낱 양치기도 아닌 아무것도 아니게 된 저 때. 레위인의 혈통으로 이방 신들 속에서 자라고, 이교도 제사장의 사위라는 혼재된 종교성마저도 일축하게 되는 순간. 오토가 말하는 누멘적인 것das Numinose*의 시간이라고 생각해봅니다. 아브라함도 이때를 만나자 스스로를 "티끌 같은 나라도"라고 말했는데, 이는 겸손이나 미적인 표현이 아니라 그 자체의 상태를 그대로 말한 것 같습니다. 성서 기자는 모세의 저 때를 불타는 떨기나무로 표현했지만 더 이상 합리적인 설명은 불가하므로, 샤갈의 그림에서처럼 모세의 다른 두 모습으로 사유해볼 뿐입니다.

* 누미노제Numinose란 신적인 존재로부터 경험하는 압도적 경외의 감정과 매혹을 말합니다. 누미노제를 느끼는 순간, 즉 모든 피조물을 초월하는 존재를 만나는 순간에는 두려움으로 압도되어 스스로가 아무것도 아닌 무無로 사라져버리는 경험을 한다고 합니다.

파울 클레 Paul Klee, 〈잘 잊어버리는 천사 Vergesslicher Engel〉, 1939

잘 잊어버리는 천사

클레는 독일계 스위스 출신으로 1, 2차 세계대전을 겪었고, 주로 스위스와 독일에서 활동하다가 말년에 나치를 피해 스위스 베른에 정착합니다. 당시 그는 완치될 수 없는 병으로 고통받고 있었음에도 불구하고 사망하기 전까지 다수의 천사 시리즈를 남겼습니다. 이 작품은 그중 하나입니다.

천사는 성서의 구약과 신약에 걸쳐 여러 곳에 묘사되어 있습니다. 평소에 천사에 대해 많이 생각해본 적이 없어서인지 이 작품을 보고 당황스러웠지만, 뜻밖에 그림 아래쪽에 있는 천사의 곤란한 듯한 손 모습에 웃음이 나왔습니다.

천사가 정말 존재하는지, 그 모습이 어떤지 뭐라 말할 수는 없지만, 하나님 계시의 대목에 주로 묘사되므로 보이지 않는 것을 알게 할 때의 역할이라고 가늠해봅니다.

예술은 보이는 것을 표현하는 것이 아니라, 보이지 않는 것을 보이도록 하는 것이다.

클레의 이 말에 비추어본다면, 천사는 하나님이 드러나는 순간을 표현하는 고유의 방식일 수 있겠습니다. 그러므로 그가 보이지 않는 천사 시리즈를 그렸다는 것은 하나님의 세계와 인간의 연결에 관해 풍부하게 사유했음을 말합니다.

모든 것을 망각할 것 같은 백색 화면에서 평화롭게 눈을 감고 미소를 짓는 천사가 있습니다. 클레의 필치는 어린아이 솜씨 같습니다. 대가들의 말년에 나타나는 "훌륭한 솜씨는 서툰 것처럼 보인다"는 대교약졸大巧若拙, 바로 그것입니다.

클레는 왜 잘 잊어버리는, 건망증이 심한 천사를 그렸을까요? 이 작품의 제목을 알았을 때 가장 먼저 떠오른 말씀은 〈이사야〉 43:25입니다.

내가 더 이상 너의 죄를 기억하지 않겠다.

하나님이 죄를 기억하지 않겠다고 한 말은 기억하지 않는 셈 치겠다 또는 잊어버리겠다는 것으로 생각할 수 있습니다. 그래서 클레는 기억하지 않기로 하는 하나님이 아니라 기억을 못해서 우리를 순하게 대하는 하나님을 천사를 통해서 보여준 것 아닐까요? 그게 아니라면, 우리가 살면서 겪는 어려움을 기도로 수없이 토로했지만 그 모든 기도를 잊어버리고 전혀 응답해주지 못해서 미안하고 곤란하다는 의미로 저렇게 손을 어찌지 못하고 있는 것일까요?

기억해야 할 게 많은 우리의 삶에서 이 간단하고 따뜻하고 순한 그림은 우리 마음 안에 담아둘 수 있는 정도의 용량입니다. 어쩌면 그 안에는 잊기로 한 것이 아니라 그냥 잘 잊어버리는 하나님이기를 바라는 부끄러운 우리의 마음이 담겼는지도 모르겠습니다.

WER VNDER EVCH AN SVND IST
DER WERFFE DEN ERSTEN STEIN AVF SI
1 5 3 2

(대+)루카스 크라나흐 Lucas Cranach <간음한 여인과 그리스도 Christ and the Adulteress>, 1532

간음한 여인과 그리스도

(대)루카스 크라나흐의 〈간음한 여인과 그리스도〉입니다. 크라나
흐는 마르틴 루터와 동시대인으로, 종교개혁의 불씨를 일으킨 지역
인 독일 비텐베르크에서 활동했으며, 루터와 많은 교분이 있었고 그
의 유명한 초상화도 그렸습니다.

이 작품은 〈요한복음〉8장의, 간음한 여인이 율법학자들과 바리새
파 사람들에 의해 군중 앞에 끌려나오고 그들이 예수의 판단을 시험
하는 장면입니다. 크라나흐는 인물들을 적절한 공간에 배치하여 그
상황을 묘사하지 않고 인물 각각의 생각과 입장을 그렸습니다. 열한
명의 인물이 등장하는데 각각의 초상화들을 한꺼번에 모아놓은 것
같은 구성입니다.

섬세하게 표현된 인물들은 네 부류입니다. 죄의 현장에서 잡혀온
간음한 여인 그리고 "너희 가운데서 죄가 없는 사람이 먼저 이 여자에
게 돌을 던져라"며 여인을 해치지 못하도록 하는 예수, 그 뒤에 있는

제자들로 보이는 사람들 그리고 간음한 여인을 데리고 온 왼쪽의 율법학자들과 바리새파 사람들입니다. 이 네 부류는 얼굴 표정으로도 나눌 수 있습니다. 왼쪽의 고발자들은 예수를 시험하려는 모의와 고발과 응징의 기세가 역력합니다. 그에 반해 오른쪽 무리들은 의문과 관망과 기대함이 혼재된 상태입니다.

다음으로 손의 표정을 살펴봅니다. 먼저 예수는 죄가 드러나서 부끄러움과 두려움으로 무기력해진 여인의 손을 한 손으로 단단히 잡고, 다른 손으로는 여인을 가리킵니다. 왼쪽의 고발자는 한 손에는 여인을 치려는 돌멩이를, 다른 손에는 허리춤의 칼 손잡이를 잡고 있습니다. 또 바리새파 사람으로 보이는 다른 하나의 손은 율법적인 근거로 그리스도를 다그치고 있습니다.

성서의 이 이야기는 자주 대하는 것이고, 각 인물들에 대한 우리의 생각이 다소 고정되어 있습니다. 그래서 너무나 익숙한 이 상황을 그림을 통해 새롭게 보기로 했습니다.

먼저, 간음 중에 잡혀 온 여인은 죄가 없는 여인이 아니라는 것입니다. 돌을 던지려는 자들이 예수를 시험하려 하다니 괘씸하다고 여기는 바람에 여인의 죄는 오히려 묻히는 상황입니다. 그 여인은 충분히 거리끼거나 비판받아야 할 행위라고 생각해야 합니다. 오늘날에도 가볍지 않고 용납하기 쉽지 않습니다. 그 여인을 향한 타인들의 질책은 당연한 것이었습니다. 그러한 그녀에게 임하는 그리스도를, 용서하기 어려운 죄 가운데 임하는 그리스도를 생각합니다.

다음은 율법학자들과 바리새파 사람들의 도덕성이 우리보다 더 나을 것이라고 생각해봅니다. 형편없는 사람들이 아니고 그들의 행동은 정당했습니다. 그들은 율법과 계명으로 무장했습니다. 하지만 이런 무장은 결코 완벽하지 않고 도저히 완벽할 수 없음을 예수가 지적한 것입니다.

끝으로, 타인의 죄를 용서하고 자신의 죄를 바라보게 하는 것이 이 본문의 결말일까요? 평범한 인간이라면 타인의 죄에 분노하는 것은 당연합니다. 오히려 마땅히 그래야 할 태도입니다. 그러나 오늘 이 그림을 통해, 죄인이 율법에 의해 돌에 맞는 이 긴박한 상황에 메시아로 온 그리스도는 어떤지 새롭게 다시 들여다보았습니다.

저 유대인들을 포함해 우리의 본성에는 '나는 범하지 않지만 타인이 범하는 죄'에 대해 분출하는 정당한 의미의 폭력성이 있습니다. 그러나 그리스도는 율법과 계명의 톱니바퀴에 기계적으로 맞물리는 존재가 아님을 말하고 있습니다. 그의 해결은 생명과 사랑에 있습니다. 그리스도는 "너희 가운데서 죄가 없는 사람이 먼저 돌을 던져라"는 말로 이 상황을 지혜로운 판관처럼 해결한 것이 아닙니다. 오로지 그가 생명과 사랑의 근원이기에 이 말을 할 수 있었던 것입니다.

이 그림이 생각보다 어렵다는 생각도 들고, 무리들의 왼쪽과 오른쪽에서 정면을 응시하는 불편한 저 세 명의 시선에 우리는 여전히 노출되어 있습니다.

예수의 예루살렘 입성

　예수가 예루살렘 성에 들어가는 것을 묘사했습니다. 이 그림은 우리가 흔히 대하는 구도와는 달리 독특합니다. 주제가 나타나는 상황을 전체적으로 조망하기보다는 주인공을 중심으로 화면을 좁히고 확대해 표현했다는 점입니다. 즉 예루살렘 입성이라는 상황 전체를 묘사하지 않고, 어린 나귀를 타고 있는 예수에게 과감히 초점을 맞추고 있습니다. 이 장면은 4복음서에 모두 기록되어 있으며 십자가의 고난과 죽음, 부활에 이르는 사태의 첫걸음이라고 할 수 있습니다. 한창때의 청년 예수가 타기에는 가장 보잘것없는 짐승 위에 앉아 가는 예수의 옆모습을 화면 가득히 그리고 있습니다.

　　"호산나, 다윗의 자손께! 복되시다,
　　주님의 이름으로 오시는 분!
　　더없이 높은 곳에서 호산나!"

〈마태복음〉 21:9

오토 딕스, 〈예수의 예루살렘 입성 Christ entering Jerusalem on Palm Sunday〉, 1960

이렇게 연호하며 겉옷을 길에 펴고 종려나무 가지를 흔드는 많은 무리의 모습은 들의 풀처럼 미미하게 표현했습니다. 이들은 며칠 후면

"그 자를 십자가에 못박으시오! 십자가에 못박으시오!"

〈누가복음〉 23:21

라고 소리치게 될 사람들과 다르지 않기 때문입니다.

예수가 어린 나귀를 불안하게 타고 있는 옆모습은 장차 걸어가야 할 방향을 나타내고 있는데, 그것은 어떤 공간으로가 아니라 특별한 때를 향함을 의미합니다. 예수가 예루살렘 입성을 앞두고 열두 제자에게 앞으로 당할 고난을 이야기했지만 제자들이 높은 자리를 두고 서로 다투는 모습에서 저 인파들은 물론이고 제자들에게조차 '이때'의 의미는 가려져 있습니다. 이것은 깨닫지 못해 가려진 것이기도 하고, 때가 되지 않아서 드러나지 않은 것이기도 합니다. 〈누가복음〉 기자는 18:34에 이렇게 쓰고 있습니다.

그런데 제자들은 이 말씀을 조금도 깨닫지 못했다.
이 말씀은 그들에게 그 뜻이 감추어져 있어서,
그들은 말씀하신 것을 알지 못했다.

예수는 이 모든 것을 뒤로하고 묵묵히 가고 있습니다. 앞으로 일주

일간 일어날 일을 향해 가고 있습니다. 예수의 고난과 죽음 그리고 부활 이후에 이때를 조명할 때 이르러서야, 지금은 뜻도 모르고

　　"호산나! 복되시다! 주님의 이름으로 오시는 분!"

이라고 외치는 저들의 경배가 마땅했음을 알 것입니다.

식사기도하는 오스트프리슬란트 농부들

　〈식사기도하는 오스트프리슬란트 농부들〉은 19세기 후반, 막스 리버만의 작품입니다. 유대계 화가인 리버만은 2차대전 전까지 독일 인상파와 예술계에 큰 영향을 끼쳤습니다. 이 작품은 전체적으로 어두워서 묵직하게 다가옵니다.

　누추한 실내에 식탁을 가운데에 두고 가족으로 보이는 네 명의 남녀가 둘러앉아 있습니다. 소박한 음식을 앞에 두고 그들은 기도 중인데, 특히 이 집안의 가장으로 보이는 오른쪽 인물의 모습이 인상적입니다. 노동으로 지친 몸을 의자 깊숙이 밀어넣고 앉아서 거칠 것이라고 짐작되는 손으로 모자를 쥔 채 머리를 숙이고 있습니다. 투박하고 커다란 나막신은 그의 삶과 노동이 가볍지 않다는 느낌을 더해줍니다. 장식 없는 어두운 실내와는 달리 문밖은 약동하는 푸르름으로 환하고, 식탁과 인물들의 그림자로 짐작한다면 오른쪽에도 밖으로 통하는 문이 있는 것 같습니다. 특별히 눈을 끄는 것은 식탁 가운데에 있는 환한 빛을 머금은 음식입니다. 감자로 추정되는데, 저 문밖의 밝

막스 리버만 Max Liebermann, 〈식사기도하는 오스트프리슬란트 농부들 Ostfriesische Bauern beim Tischgebet〉, 1890

은 곳에서 거두어들인 것이 분명합니다.

이 가족의 단출하고 소박한 음식을 보는 순간, '주기도'에 나오는 '일용할 양식'이 이런 것이구나 하는 생각이 들었습니다. 과하지도 않고 필요한 만큼의 양식으로 저 문밖에 펼쳐져 있는 들에서 햇빛, 공기, 물, 흙, 이 가족의 땀과 이 모든 것 위에 임하는 생명의 근원으로부터 주어지는 보이지 않는 힘을 생각해봅니다.

예수 그리스도가 특별히 성만찬이라는 방식을 통해 자신을 기억하도록 한 것에 대하여는 이 책에 나오는 〈안데스 산맥 조난기〉에서 짚어보았습니다만, 이 작품은 만찬에 사용되는 '빵과 포도주'라는 재료를 생각하게 합니다. 어두움 가운데 환하게 빛나는 저 양식을 만들어 낸 것은 전혀 형태를 짐작도 할 수 없는 것들입니다.

햇빛, 공기, 물, 흙과 생명의 근원이 되는 힘은 빵과 포도주를 만들고 사람의 몸을 만들기도 합니다. 그리스도의 성만찬에 사용되었던 빵과 포도주를 만들고, 사람으로 왔던 그리스도의 몸을 만들기도 했습니다.

이 가족들의 기도하는 모습을 보면서 의외로 작은 것을 두고 큰 기도를 한다는 생각을 했습니다. 그들의 초라한 식탁에 놓인 음식은 남지도 않고 몸에서 지방으로 쌓일 수도 없을 정도의 양으로 보이는데,

집안의 가장은 모자를 벗어 예를 표하며 가장의 권위조차 느끼지 못할 정도의 소박한 모습으로 기도합니다.

'작고 볼품없는 것에 큰 기도를 하는 거 같아.'

이런 생각을 떠올리는 나 자신이 부끄러울 따름입니다.

최후의 만찬

오토 딕스가 〈마태복음〉을 주제로 제작한 작품집의 석판화입니다. 딕스는 사회 저층민의 삶과 1, 2차 세계대전을 직접 경험하고 우리가 대면하고 싶지 않은 실상을 그대로 드러내어 마치 기자의 보도사진을 접하는 듯한 작품을 많이 남겼습니다. 세계대전 이후에 그는 성서적인 주제를 다루었는데 〈최후의 만찬〉도 그중 하나입니다.

작품에 보이는 식탁은 여러 화가가 그린 〈최후의 만찬〉들 중에서도 확실히 가장 간단한 상차림입니다. 다른 성만찬 그림들에서 여러 음식이 차려진 것과는 다르게 오직 빵 한 덩이와 포도주 한 잔뿐인, 차린 것이 없어서 초라하고 성만찬에 대한 군더더기가 없는 식탁에는 절박함이 흐릅니다. 저 작은 만찬의 자리에 앉은 열세 명 중 가운데에 자리한 선한 빛의 그리스도 외에는 세상의 욕망들이 완연한 얼굴을 한 제자들입니다. 훗날 성자들로 추서될 정도의 제자들이지만, 딕스는 인간의 근본적인 본성을 저런 표정으로 표현했습니다. 차린 것 없는 식탁과 전혀 변화되지 않은 제자들의 면면이 판화에 잘 드러

오토 딕스, 〈최후의 만찬 The last supper〉, 1960

나 있습니다.

2000년 전에 성육신한 예수가 육신의 먹을 것인 빵과 포도주를 주면서 "나를 기억하라" 했습니다. 성만찬을 나누며 예수를 기억하는 것은 예수 자신이 망각되지 않는 방식이기도 하지만 다시 오는 그날까지 우리가 견딜 수 있도록 하는 힘입니다.

많은 작품들에서 예수를 높이기 위하여 성만찬의 식탁은 늘 화려하게 표현되었지만 당시의 현실은 딕스의 저 최소한의 식탁일지도 모릅니다. 2000년 전의 한 만찬은 예수의 몸을 나누는 시간이었고, 그 만찬은 자신이 영원히 기억되기를 바라는 예수로 인해 시간과 공간을 통해 확장되었고 앞으로도 그러할 것입니다. 예수의 선함은 변함이 없고, 인간 군상의 모습은 이 작품의 제자들과 별반 다를 게 없을 것이며, 우리는 한자리에서 몸과 피를 나누는 성만찬을 통하여 예수를 기다릴 것입니다.

멸시받는 그리스도

　자신이 하나님의 아들이라고 하던 한 사람이 이런 모습으로 죽음
의 길을 걸어갔습니다. 그는 사람들을 선동하지도, 폭력과 무기로 무
장 투쟁에 나서지도 않았습니다. 그러나 권력자들은 그를 잡아들이
고 채찍질하고 십자가에 못 박았습니다. 예수의 활동을 유대교에 반
한 종교적인 도발로 낙인 찍고 로마에 맞선 정치적 반란으로 교묘하
게 고발하여 죽음에 이르도록 한 것은 권력자들의 결정이었습니다.
그러나 당시 예수가 죽음의 길을 걸어간 것이 권력자들의 모략으로
진행되었다고 해서 그 사태에 평범한 민중들이 연루되지 않은 것은
아닙니다. "본디오 빌라도에게 고난을 받으사"라는 사도신경의 구절
뒤에 숨을 수 없습니다. 예수가 걸어간 길은 권력자와 평범한 민중들
에 의해 만들어진 어두운 길이었습니다. 또 오래전에 예수를 멸시했
던 일이 오늘의 우리와 무관할까요? 같은 장소 같은 시간에 있었다
면 우리도 분명히 그렇게 했을 것입니다. 그 예수의 생명이 온 세계
에 임했음을 믿는다면, 우리도 그를 멸시할 수 있었음을 인정해야 할
것입니다.

그는 사람들에게 멸시를 받고, 버림을 받고, 고통을 많이 겪었다.
그는 언제나 병을 앓고 있었다. 사람들이 그에게서 얼굴을 돌렸
고, 그가 멸시를 받으니, 우리도 덩달아 그를 귀하게 여기지 않았다.

〈이사야〉 53:3

이처럼 구원자인 예수가 받은 멸시는 '그의 길'에 당연한 것이라고
생각할 수도 있습니다. 그러나 예수도 자신이 받는 멸시를 받아들이
기 힘든 '한 사람'이었습니다.

작품을 봅니다.
상부에 상당한 여백을 두고 있어서인지, 절대자 앞에 깊이 자세를
낮춘 예수의 얼굴과 몸의 비례가 맞지 않습니다. 멸시로 처참하게 작
아진 육체와 고뇌로 극대화된 영혼을 봅니다. 그 영혼은 왕에 대한 멸
시의 상징인 가시관을 쓰고 가시와 관이 상징하는 길을 갑니다. 그러
나 멸시받는 그리스도의 모습을 보면서도 우리의 본성과 욕망은 여
전히 예수를 멸시한 권력자가 되기를 소망하고 있습니다.

주여, 불쌍히 여기소서…….

바로 이것을 위하여 여러분은 부르심을 받았습니다. 그리스도께
서는 여러분을 위하여 고난을 당하심으로써 여러분이 자기의 발자
취를 따르게 하시려고 여러분에게 본을 남겨놓으셨습니다.

그는 죄를 지으신 일이 없고 그의 입에서는 아무런 거짓도 찾아
볼 수 없었습니다. 그는 모욕을 당하셨으나 모욕으로 갚지 않으시
고, 고난을 당하셨으나 위협하지 않으시고, 정의롭게 심판하시는
이에게 다 맡기셨습니다.

　그는 우리 죄를 자기의 몸에 몸소 지시고서, 나무에 달리셨습니
다. 그것은 우리가 죄에는 죽고 의에는 살게 하시려는 것이었습니
다. 그가 매를 맞아 상함으로 여러분이 나음을 얻었습니다.

〈베드로전서〉 2:21-24

장 미셸 바스키아 Jean-Michel Basquiat,
〈모세와 이집트인들 Moses and the Egyptions〉, 1982

모세와 이집트인들

1960년에 태어난 바스키아는 십대 중반부터 노숙자로 생활하면서 도시의 담벼락에 낙서 작업을 하다가 앤디 워홀과 유명 화상들에게 재능을 인정받았습니다. 그는 자유롭고 생동감 넘치는 재능과 열정적인 작품 활동으로 '검은 피카소'라고 불렸지만, 안타깝게도 약물 중독으로 27년의 짧은 생을 마감했습니다.

바스키아의 여러 작품들을 보다가 뜻밖에도 성서를 주제로 한 이 작품을 만났습니다. 그의 삶의 환경, 나이, 화풍을 감안했을 때 의외의 작품이고 순수함과 비틀기를 넘나들 수 있는 바스키아이기에 나름의 해석이 조심스러울 수밖에 없었습니다. 1982년 작인 이 작품은 바스키아의 삶에 비추어보았을 때, 대중의 요구에 의해 다작을 할 때와는 거리가 있습니다.

불안정한 생활을 하던 이십대 초반, 한창 젊은 나이의 바스키아가 성서에 관심이 많지는 않았을 테니 영화 〈십계〉, 〈벤허〉 등 성서를 주제로 한 영상물의 영향을 받은 것이 아닌가 추측해봅니다. 또 한편으

로는 어린 시절 평범한 가정에서 자란 그가 교회의 주일학교에서 성
서 이야기를 잘 배웠을 수도 있습니다.

이 작품은 한번 보면 잊을 수가 없습니다. 화폭에는 그야말로 '진분
홍색'이 가득합니다.
당황스러운 색상이지만 이내 그 매력에 빠져듭니다.

```
MOSES
MOSES                    MOSES
MOSES
MOSES
MOSES


'ISRAAELLITES'      STAFF INTO SERPENT TRICK
'EYGYTIANS'         LEPROSY TRICK
                    WATER INTO BLOOD
                    FLIES
                    FROGS TEN PLAUGES
```

위와 같이 적힌 글자들로 이 작품에 대한 정보를 알 수 있습니다.
모세와 유대인들이 이집트에서 탈출하려고 했을 때 여호와께서 모세
를 통해 파라오에게 내린 재앙들이 나열되어 있습니다. 그림 형태가

아닌 문자가 작품에 직접 등장하여 메시지를 전달하는 것이 생소하지만 우리는 곧 받아들입니다. 두 개의 진분홍색 덩어리에 모세의 이름이 쓰여 있어서 십계명이 새겨진 두개의 돌판이라는 것을 짐작할 수 있습니다. 그리고 가운데의 가늘고 흰 선으로 분리감을 느낄 수 있는데, 그 흰 선은 높고 각이 진 코와 긴 눈매로 이집트인의 외모를 그리고 있습니다. 오른쪽에 'Moses'라는 이름을 명찰처럼 크게 적어두었고 왼쪽에는 이름이 다섯 번 적혀 있는데, 왼쪽의 여호와가 오른쪽의 모세라는 이름을 가진 자를 부르는 것을 표현했습니다. 그리고 모세는 그 부름을 향해 있습니다.

왼쪽 아래에 이스라엘 민족의 영어 표기인 ISRAELITES를 'IS-RAAELLITES'로, 이집트인의 영어 표기인 EGYPTIANS를 'EYGY-TIANS'로 틀리게 썼습니다. 바스키아가 고의적으로 틀리게 쓴 철자법일 텐데 이 틀린 단어 앞에서 감상자는 자연스럽게 멈추고 주목하며 이 단어들의 의미를 생각합니다. 오른쪽 아래에는 지팡이가 뱀으로 변하고, 악성 피부병이 번지고, 물이 피로 변하고, 파리와 개구리가 뒤덮는 〈출애굽기〉의 열 가지 재앙 가운데 대표적인 것들을 썼습니다.

배경의 흰 물감들이 방울처럼 흩어져 내려와 모세의 눈에 떨어졌는데, 마치 모세가 흘리는 땀과 눈물처럼 보입니다. 바스키아는 모세의 옆모습을 나타내는, 가늘지만 거침없는 선에 어울리지 않게 굳이 그의 어색한 치아를 드러내어 그렸습니다. 그리고 푸른색으로 그 입을 다시 지웠는데 이것은 모세의 언변이 부족했던 것을 강조한 게 아닌가 합니다. 오래전 위대한 역할에 묻혀버린 모세의 부족함에 대해 잠시 주목하고, 바스키아라는 청년이 그 점을 마음에 두었다는 것을 생각했습니다.

저 진분홍색 돌판은 뒤에 있는 그림자 때문에 가볍지만은 않은 질감입니다. 모세가 여호와에게서 받아온 두 개의 돌판에는 십계명이 새겨져 있었습니다. 그것은 인간이 지켜야 할 여호와의 명령이었고 인간이 죄 아래 있다는 것을 알게 하기에 무거움으로 다가옵니다. 그러나 바스키아는 그 돌판을 진분홍색으로 화면 가득히 구성했을 뿐만 아니라 '하트' 형태로 그렸습니다. 심장 모양에서 따온, 사랑을 상징하는 기호인 하트, 화면 가득한 진분홍 하트는 인간을 향한 하나님의 충만한 사랑이라고 할 수밖에 없습니다. 지켜야 할 계명을 새긴 돌판의 무거움이 바스키아에 의해 충만한 사랑의 기호로 표현된 작품을 보며 〈로마서〉 13:10이 떠올랐습니다.

그러므로 사랑은 율법의 완성입니다.

이십 대 초반의 바스키아, 그는 사랑이 율법의 완성이라는 것을 경험했는지는 알 수 없습니다. 그러나 그는 이 시대에 시각적으로 가장 선명한 기호로 우리 앞에 그것을 제시하고 있습니다. 율법과 사랑 사

이의 끝이 보이지 않는 거리를 한 형태에 담은, 젊은 천재의 작품을
마음에 두기로 합니다.

조르주 루오, 〈하나님, 주님의 한결같은 사랑으로 내게 자비를 베풀어주십시오
Miserere mei, Deus, secundum magnam misericordiam tuam〉, 1923

하나님, 주님의 한결같은 사랑으로
내게 자비를 베풀어주십시오

하나님,

주님의 한결같은 사랑으로 내게 자비를 베풀어주십시오.

주님의 크신 긍휼을 베푸시어 내 반역죄를 없애주십시오.

내 죄악을 말끔히 씻어주시고, 내 죄를 깨끗이 없애주십시오.

나의 반역을 내가 잘 알고 있으며, 내가 지은 죄가 언제나 나를 고발합니다.

주님께만, 오직 주님께만, 나는 죄를 지었습니다.

주님의 눈 앞에서, 내가 악한 짓을 저질렀으니,

주님의 판결은 옳으시며 주님의 심판은 정당합니다.

실로, 나는 죄 중에 태어났고,

어머니의 태 속에 있을 때부터 죄인이었습니다.

마음속의 진실을 기뻐하시는 주님,

제 마음 깊은 곳에 주님의 지혜를 가르쳐주셨습니다.

우슬초로 나를 정결케 해주십시오. 내가 깨끗하게 될 것입니다.
나를 씻어주십시오. 내가 눈보다 더 희게 될 것입니다.

〈시편〉 51:1~7

조르주 루오의 판화입니다. 위쪽에 "Miserere(불쌍히 여기소서)"라고 적혀 있고, 하단에는 예수 그리스도, 아니 한 사람이 머리 숙여 하나님의 마음을 구하고 있습니다. 그를 두르고 있는 반원은 하나님과 구분되는 동시에 하나님의 세계에 있음을 나타냅니다. 상단에는 하나님의 표상이 해처럼 빛나고, 그 사이에는 〈시편〉 기자가 노래하는 정결케 하는 우슬초가 막힘을 뚫고 소통하는 도구로 그려져 있습니다. 저 아래의 하염없는 슬픔과 절망의 얼굴을 죄를 짊어진 그리스도의 얼굴로만 볼 수 없음은 나의 얼굴이 투영되었음을 부인할 수 없기 때문입니다. 그래서 '그가 짊어진 죄가 나의 죄'라는 고백이 나옵니다.

인간의 모든 행위는 기본적으로 구원에 이르기 위함입니다. 자신을 구원하기 위하여 타인의 필요를 채워주고, 타인이 그것에 대하여 지불한 대가로 자신을 구원하는 방식이 대부분입니다. 또 자신의 결핍을 채우기 위해 타인의 삶을 훼손하기도 하고 타인의 필요를 들어주었지만 그것에 대한 대가를 받지 못해 분노하기도 합니다.

그러나 여기에 구원의 행위를 했지만 대가를 원하지 않는, 영원히, 한순간도 그런 마음을 가진 적이 없는 존재가 있습니다. 스스로가 우

080

슬초이면서 우슬초 아래에서 마음을 쏟고 있습니다. 스스로가 해처럼 빛나는 존재이면서 어두움에 속하여 빛을 간구하고 있습니다.

인간의 근원적인 구원을 위한 이런 거래를 본 적이 없는 우리는 그것을 믿지 못하며 우리 방식으로 지불하려고 하지만, 그는 그 자리에 머물 뿐이고 우리의 지불을 받지 않습니다. 진정 이러한 구원을 우리는 받아들이기 힘듭니다.

주님, 당신의 인자하심을 따라 나를 불쌍히 여기소서…….

조르주 루오, 〈교외의 그리스도 Christ dans la banlieue〉, 1920

교외의 그리스도

　루오는 사회 참여와 풍자를 주제로 한 작품들을 많이 남겼습니다. 창녀나 곡예사 같은 사람들의 비천한 삶을 화폭에 담았는데, 그림 속 그들의 모습에서 오히려 고귀함이 드러나 때로는 성화처럼 다가옵니다. 그런가 하면 상류층인 재판관이나 성직자를 그린 작품에서는 오히려 인간의 추함이 극명하게 보이기도 합니다. 이 작품은 그리스도와 두 명의 아이가 도시의 변두리에 나란히 서 있는 모습입니다. 황량한 길과 무정하다 못해 비정한 느낌마저 드는 양쪽의 건물들, 창백한 달이 도시 변두리라고 알려주는 듯 건물의 끝과 높은 기둥을 비추고 있습니다. 루오의 굵직하고 단순한 묘사로 인해 황량한 화폭 가운데를 서성이는 그리스도와 두 아이의 모습이 막막해 보입니다.

　이 그림은 보통의 성화들처럼 성서 장면을 배경으로 하지 않았습니다. 오늘날 우리의 세계 어느 한 모퉁이에서 일어나는 상황에 그리스도가 개입하고 있습니다. 우리가 복음서에서 접하는 이적을 베푸는 모습도 아니며, 고난을 받고 있는 모습도 아닙니다. 그는 오갈 데

없는 두 아이들과 같은 시선의 방향, 같은 자세로 함께하는데 두 아이가 없다고 가정했을 때, 그리스도조차 갈 데가 없는 모습입니다.

오, 주님.
이런 모습으로 함께하는 것에 무슨 해결이 있습니까?

며칠 동안 더 이상 작품 설명에 진전이 없었습니다. 다시 돌아와 짚어본 것은 우리를 긍휼히 여기는 그리스도의 마음이었습니다. 저 그림 속 두 아이가 도시의 빈민가, 제3세계의 어느 황량한 길목에 실제로 저렇게 서 있을지도 모릅니다. 한편으로는, 들의 꽃과 같이 한철 핀 후에 사라지는 허약한 우리의 초상이기도 합니다. 오래전에 동일한 모습으로 육체에 거하기도 했고, 지금은 저 작품에서처럼 함께하는 그리스도, 그의 긍휼의 깊이를 가늠해봅니다.

그리스도와 두 아이는 그리스도가 두 죄인과 함께 십자가 위에 있었던 것처럼 막막한 현실에 함께 있습니다. 십자가상의 죽음에 함께했던 두 죄인과도 저러했을 것입니다. 우리의 생각과는 달리 자신의 절대성을 죽음의 자리까지 열어두었던 그 이후, 그리스도는 부활과 생명의 길로 들어갑니다. 우리의 예상을 뛰어넘는 기이한 방식으로 말입니다. 오늘 이 작품을 보면서 바라는 것은, 해결할 길이 없어 보이는 저런 현실에서 그리스도가 함께하는 현실로 초대되는 것과 우리의 생각을 넘어 움직이시는 주님을 향한 기대입니다.

인간은 인간에게 늑대이다

옷도 입지 않은 해골이지만 머리에 쓴 군인 모자는 전쟁과 살상을 수행하는 자임을 나타냅니다. 각진 어깨, 갈퀴 같은 팔은 야수의 이빨처럼 뻗어 있고 야비한 다리는 죽음의 행진을 하고 있습니다. 그리고 발치에는 동류 인간들의 죽음이 흩어져 있습니다.

루오는 이 판화에 '인간은 인간에게 늑대이다'라는 제목을 붙였는데 동의할 수밖에 없습니다. 학교에서 동물 실험을 할 때 실험용 쥐들을 한 케이지 안에 두었는데 가끔 한두 마리씩 사라지는 일이 있었습니다. 다른 쥐들에게 먹힌 것인데 이해가 되지 않았습니다. 어떻게 같은 몸집의 동류를 먹을 수 있을까? 하지만 사실 우리가 듣는 대부분의 나쁜 소식은 인간이 같은 몸집의 인간에게 먹히는 이야기입니다. 어린 자와 늙은 자, 병든 자와 가난한 자, 여자와 소수자, 약한 민족과 종족 등은 자주 늑대들의 먹이가 되고 있습니다. 옛날부터, 오늘도 그리고 앞으로도 '인간은 인간에게 늑대'라는 현실이 무섭고 슬픕니다.

조르주 루오, 〈인간은 인간에게 늑대이다 Homo Homini Lupus〉, 1926

이리와 어린 양이 함께 풀을 먹으며, 사자가 소처럼 여물을 먹으며, 뱀이 흙을 먹이로 삼을 것이다. 나의 거룩한 산에서는 서로 해치거나 상하게 하는 일이 전혀 없을 것이다.

〈이사야〉 65:25

이는 종種을 넘은 화평을 말하는 게 아니라, 더 이상 인간이 인간에게 늑대가 아닌 종말의 때를 노래하는 것입니다. 그러나 지금은 저 군인 모자를 쓴 늑대가 인간들 사이를 돌아다니고 있습니다.

주여, 우리를 불쌍히 여기소서……

오토 딕스, 〈베드로와 수탉 Petrus und der Hahn〉, 1958

베드로와 수탉

　예수가 잡혀가기 전에 베드로에게 새벽닭이 울기 전에 베드로가 자신을 세 번이나 부인할 것이라고 합니다. 베드로는 앞으로 일주일간 일어날 일들을 전혀 짐작할 수 없었기에 그럴 리가 없다고 큰소리치지요. 그러나 예수가 로마군에게 잡혀가던 밤이 지난 뒤 새벽에 보잘것없는 여종이 베드로에게 예수의 제자가 아니냐고 묻자 베드로는 저주를 퍼부으면서 세 차례 부인했습니다. 그리고 이내 새벽닭이 웁니다. 이는 복음서에서 정말 가슴 아픈 장면 중 하나입니다.

　동이 트는 새벽에 닭은 다시는 되돌릴 수 없을 듯이 입을 크게 벌려 세차게 울고 베드로는 예수의 말을 떠올리며 얼굴을 감싸며 통곡합니다. 어김없이 뜨는 태양, 세차게 우는 닭과 베드로의 통곡을 표현한 딕스의 힘을 느낍니다.

　베드로가 통곡하는 모습에 특히 가슴이 아픕니다. 왜냐하면 그는 예수를 순수하게 열심히 따르는 제자였고, 고비마다 결정적인 믿음의 고백을 했기 때문입니다. 예수가 로마군에게 잡혀갈 때 다른 제자들에 대한 언급이 없는 것을 보아, 잡혀가는 예수를 홀로 따르던 베드로에게 이 일이 일어났습니다. 전날 예수가 자신에게 한 얘기가 전광석화처럼 지나가자 베드로는 무너질 수밖에 없었습니다. 베드로를 비롯한 제자들은 예수가 특별하다는 사실은 알았지만 그것을 증명할 수도 없었고 그래야 할 의무감도 없었습니다. 예수가 하나님 나라를 선포했을 때 제자들은 그 의미를 온전히 알 수 없었습니다. 그 전날까지도 그들은 예수를 이스라엘의 현실에서 필요한 정치적 메시아로 생각했기에 제자들 사이에서는 높은 자리를 차지하려는 다툼까지 있었습니다.

3년간 동고동락해온 자신들의 지도자를 지키지 못했습니다. 다른 누구도 아닌 함께했던 제자가 예수를 배신했습니다. 그야말로 제자의 도리에 종지부를 찍었으며 예수와 동행하는 시간은 이제 끝났습니다. 마지막 만찬에서 예수는 자신을 기억해달라고 했습니다. 지금 베드로에게는 죽은 예수를 기억해야 할 몫만 남았습니다.

절망하는 욥

    열 명의 자녀와 모든 재산을 잃고 악창까지 걸려서 남은 것이라고는 병든 몸만 있는 욥의 모습입니다. 큰 눈은 넋이 나간 듯하고, 피부는 죽음의 그림자를 느낄 정도로 어두운 풀빛입니다. 그리고 그의 뒤에는 천사로 표현되어 있는 보이지 않는 현실이 있습니다. 우리는 예전부터 욥의 상황을 잘 알고 있습니다.

    '동방의 의인이라고 불렸던 욥은 자식도 많고 엄청난 부자였다. 그런데 어느 날 모든 자녀가 죽임을 당하고, 가진 것도 모두 잃었고, 그는 더러운 병까지 걸렸다.'

    사람의 무리 중에서는 지위도 높고 가진 것도 많았지만 어느 날 끝도 없는 나락으로 떨어진 것입니다. 그런데 사실 욥이 의인이라는 것에 처음에는 별로 감흥이 없었습니다.

    의인義人!

마르크 샤갈, 〈절망하는 욥 Job désespér〉, 1960

본 적도 없고, 될 수도 없고, 별 매력도 없고, 되고 싶은 것도 아닙니다. 그러나 〈욥기〉 4장에서 욥의 의인됨이 얼마나 강한 힘인가를 발견하고 새삼스럽게 놀랐습니다. 그는 단지 자기 의를 율법적으로 쌓은 사람이 아니라 진정한 의를 묵상하고 행동한 사람으로 여겨집니다. 욥의 지옥 같은 상황을 함께하던 친구들 중 엘리바스부터 욥에게 말하기 시작합니다. 우리는 4장 한 장을 보면서도 지혜의 전통 앞에 흔들리는데, 앞으로 37장까지 이어질 친구들의 가르침을 대하게 될 욥의 그 힘은 어디서 오는가 말입니다. 그는 끊임없이 하나님을 바라보고, 자신을 철저하게 둘러보았을 것입니다.

수학에 '공리公理'라는 것이 있습니다. 모든 명제命題나 정의定義를 거슬러 올라가보면 다룰 수 없고 증명할 수 없는 출발점을 말합니다. "하나님은 선하시며 세계는 그의 주권 아래 있다"는 것은 그리스도교의 공리입니다. 욥은 그 공리를 굳건히 여겼고 '참'이라고 여겨지는 몇 가지 '명제'를 대했습니다. 4장부터 시작되는 친구들의 율법과 지혜의 공세는 장을 거듭할수록 강해집니다. 저도 그들의 가르침이 맞다고 여길 정도입니다. 오랜 역사와 전통 가운데서 공고하게 다져진 지혜와 교훈 앞에서 욥은 어떠했습니까?

'고난은 죄로 인한 것이다.'
'고난은 연단하기 위하여 주어진 것이다.'

오래전부터 지금까지도 '참'이라고 여겨지는 이 명제가 오류라는 것이 〈욥기〉의 마지막에 드러납니다. 당연히 증명해두었다고 다루지 않았던 이 명제가 '죄 없는 자의 고난'이라는 도저히 풀 수 없는 문제가 되려면 욥이 의인이라는 조건이 만족되어야 했습니다. 하나님 앞에서 의인이었고 자신도 그러하다는 것을 아는 욥이었기에 친구들의 지혜와 교훈 앞에서 흔들리지 않고 "이유를 알 수 없다"라고 고백할 수 있었습니다. 그래서 욥처럼 의인이 되겠다는 뜻이 아니라, 의인 한 사람으로 인해 하나님을 더 알 수 없게 된 것이 다행이라는 말을 하고 싶습니다. 어쩌면 우리 삶에서 안다고 생각한 것들이 점점 알 수 없다고 여겨질 때, 그때가 하나님을 더 알아가는 때입니다.

채찍질당하는 그리스도

채찍질을 하는 사람은 보이지 않지만 그것을 당하는 그리스도의 육체가 화면 가득히 있습니다. 흑백 판화이고, 상처를 섬세하게 표현하지 않았지만 선혈이 낭자한 모습일 것입니다. 구체적인 상황에 비해 추상적으로 표현했습니다. 루오는 그리스도를 왜 이런 식으로 표현했을까요? 매를 맞는 고통을 함께 느끼라는 의미는 아닌 것 같습니다. 이때의 그리스도의 의미를 품어보라는 것은 아닐까요?

'참 사람'이자 '참 하나님'인 그리스도는 인간의 역사에 들어선 순간부터 영원에 이르기까지, 우리가 헤아려보는 수많은 때마다 의미가 달랐습니다. 오래전부터 지금까지 그리스도 자신에게는 같은 때이지만 우리는 각자의 상황에 따라 다르게 받아들입니다.

화면 전체에 가득 그려진 그리스도의 육체를 보면서 성만찬의 몸과 피가 떠오르는 것은 외람된 일일까요? 지금 저 몸은 우리를 대신해 죄인이 되어 채찍질당하고 있습니다. 생명으로 가는 것과는 무관

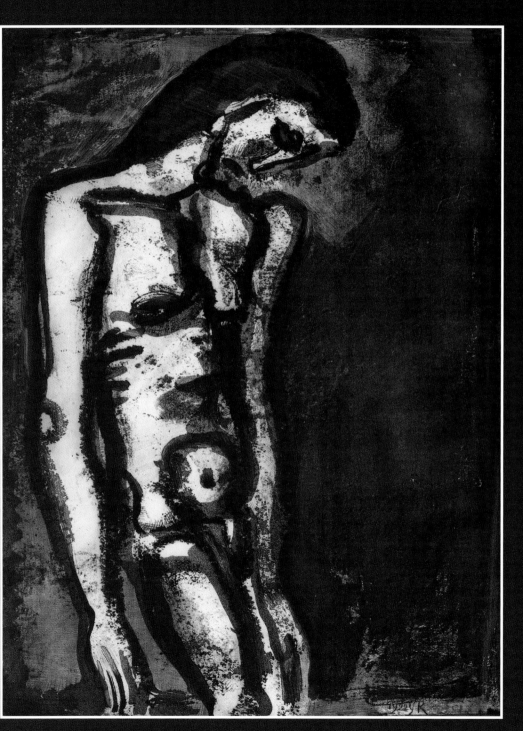

조르주 루오, 〈채찍질당하는 그리스도 toujours flagellé···〉, 1922

한 기억을 그리스도의 육신에 새기고 있습니다. 이 일 후에 그는 죽음을 지나, 완전한 생명의 세계로 들어가는 길을 걸어갑니다. 우리가 성만찬을 통해 그리스도의 몸과 피를 먹을 때, 그와의 일치를 소망하고 그 안에서 하나님의 의가 되기를 원한다면 그리스도의 이때를 기억해야 합니다.

매주 또는 절기 때마다 교회 공동체에서 성만찬을 나누며 생명의 그리스도를 기억합니다.

하지만 지금 이 순간만은 죄인이 되어 살과 피가 찢기는 고통 가운데 죽음의 길을 걸어가는 그리스도를 기억하기 바랍니다.

주여, 불쌍히 여기소서…….

그때 빌라도는 예수를 데려다가 채찍으로 쳤다.
병정들은 가시나무로 왕관을 엮어서 예수의 머리에 씌우고,
자색 옷을 입힌 뒤에 예수 앞으로 나와서
"유대인의 왕 만세!"
하고 소리치고, 손바닥으로 얼굴을 때렸다.
〈요한복음〉 19:1~3

니콜라 사리치 Nikola Sarić, 〈달란트 비유 Parable of the talents〉, 2014

달란트 비유

니콜라 사리치의 '그리스도의 비유' 시리즈 중 하나인 〈달란트 비유〉입니다. 사리치는 세르비아계로 독일에서 작품 활동을 하고 있는 젊은 현대 예술가입니다. 비잔틴의 이콘화에 능숙한 그는 이 시대의 주제를 전통적인 방식으로 표현하거나 반대로 성서를 현대적으로 친근하게 표현하며 전통적인 상징에서 벗어나 또 다른 압축미를 보여줍니다.

예수는 〈마태복음〉 25장에서 세 가지 비유로 천국을 설명합니다. 이 작품은 그중 두 번째인 달란트 비유를 그렸습니다. 어떤 사람이 타국으로 떠나면서 종들에게 금 다섯 달란트, 두 달란트, 한 달란트씩 맡겼습니다. 한참 후에 주인이 돌아와서 결산을 했는데 다섯 달란트와 두 달란트를 맡은 종들은 열심히 일해서 받은 것을 두 배로 불렸습니다. 주인은 그들을 충성된 종이라 칭찬하고 많은 것을 맡겨 주인의 즐거움에 참여할 것이라고 했습니다. 그러나 한 달란트를 받은 종은 받은 것을 땅에 묻어두었다가 주인에게 그대로 한 달란트를 되돌려

주면서 주인을 욕하고 원망했습니다. 주인은 그를 악하고 게으른 종이라 하며 한 달란트마저 빼앗아 열 달란트를 가진 자에게 주라 하고 무익한 종을 어두운 데로 내쫓습니다.

이 작품은 이콘화의 특징과 함께 단순화된 현대인을 등장시켜 상징과 정보를 담은 인포그래픽 느낌이 납니다. 오른쪽 끝에는 사람의 전체적인 형상 없이 오른손만 보이고 그 옆에는 'IC XC'라는 글자가 있습니다. 이것은 '예수 그리스도'의 그리스어인 'IHCOYC XPIC-TOC'에서 각 단어의 처음과 마지막 글자를 쓴 것으로, 이 손의 주인이 예수 그리스도임을 알려줍니다. 그리고 화면 전체에 현대인 복장을 한 세 명의 남자가 흰 천 위에 열 달란트, 네 달란트를 가지고 나오고 있으며 한 명은 땅에 묻은 한 달란트를 가리키고 있습니다.

달란트라는 말은 여러 비유로 쓰입니다. 흔히 재능, 지위, 재물 등을 말할 때 씁니다. 그러나 천국의 비유에 나오는 이 달란트는 하나님 나라를 추구할 수 있는 지식과 환경, 경험, 이성과 감성 등 한 인간이 그 삶에서 하나님 나라를 알 수 있는 총체적인 것이라고 생각합니다. 그것의 종류와 양은 각자에게 다르게 주어집니다. 주인이 가면서 각자에게 그것을 주었는데 오시는 그날까지 삶의 토대에서 이 받은 것을 운용하여 늘리는 것입니다. 여기서 '운용하여 늘린다'는 뜻은 하나님 나라를 더욱 추구하고 알아가는 것을 말합니다. 그리고 하나님의 나라를 추구하게 할 달란트를 처음부터 너무나 부족하게 받은 자가 있다면 달란트를 주신 이는 많은 것을 묻지 않을 것입니다.

이 작품에서 사리치는 배경을 세 부분으로 나누었습니다. 예수 그리스도부터 달란트를 두 배로 늘린 두 종들, 달란트를 땅에 묻은 종에 이르는 배경이 황금색, 흰색, 검은색으로 점점 파장이 변하는 경계를 이루고 있습니다. 물리학에서 자석을 중심으로 자기장이 펼쳐지는 영역을 표시한 것처럼 하나님의 능력이 영원한 시공간에 활동하는 장(역장 力場, Kraftfeld)을 시각적으로 표현한다면 이러할 것 같습니다. 이 영역이 세 부분으로 나뉜다고 하여 하나님의 역장이 제한된다는 것이 아니라 우리를 자유하게 했으므로, 하나님과의 온전한 일치가 어긋남으로써 장場의 변화를 초래하는 것으로 그렸습니다.

달란트 비유에 대한 글을 한번 쓰고 싶었습니다. 이와 관련한 작품을 찾다가 니콜라 사리치의 작품을 만났습니다. 이 시대를 함께하고 있는 그의 작품들을 통해 더욱 풍성한 생각을 하게 될 것을 기대하고 있습니다.

니콜라 사리치 〈믿음-어둠 속의 빛 Glaube-Glühende Dunkelheit 시리즈〉 2020

믿음 – 어둠 속의 빛

니콜라 사리치의 '어둠 속의 빛' 시리즈 중 〈믿음〉입니다. '어둠 속의 빛' 시리즈는 '믿음' 외에 '희망' '갈구' '사랑' '고독' '두려움' '갈증' '공포' '고통' '헌신' '쾌락' '동경'으로 이루어져 있습니다. 이 그림은 도마가 부활한 주님을 처음 만나는 장면입니다. 현대인 의상을 입은 도마가 예수의 옆구리에 난 상처에 손가락을 넣어 확인하고 있습니다.

부활한 예수를 처음 대하는 도마를 우리는 늘 '의심 많은 도마'라고 부릅니다. 복음서에 의하면, 예수를 먼저 만났다는 다른 제자들의 말에 도마는 그의 손과 옆구리의 상처를 직접 만져보아야 믿을 수 있다고 했습니다. 도마를 만난 예수는 자신의 옆구리를 허락하면서 말했습니다.

네 손가락을 이리 내밀어서 내 손을 만져보고, 네 손을 내 옆구리에 넣어보아라. 그래서 의심을 떨쳐버리고 믿음을 가져라.

너는 나를 보았기 때문에 믿느냐? 나를 보지 않고도 믿는 사람은 복이 있다.

〈요한복음〉 20:27, 29

그 후 우리는 부활한 예수를 만나지 못했지만 도마와 나눈 대화를 통해 보지 않고도 믿는 자의 복을 알고 있습니다. 그런데 도마의 반응이 단순히 믿음이 없는 의심이라고 할 수 있을까요? 그 누구도 예수의 부활을 생각한 사람은 없었고, 다른 제자들이 부활한 예수를 이야기했을 때 보인 그의 반응은 어쩌면 당연합니다. 도마에게 한 말은 그에게만이 아니라, 우리 모두에게 한 것입니다. 이때 이후로 긴 세월 동안 아무도 부활한 예수를 보지 못했으니까요.

오랫동안 관용구처럼 '의심 많은 도마'로 그를 쉽게 폄하할 수 있는 것은 우리가 가까운 미래에 예수를 만날 기회가 없다고 생각하기 때문일지도 모릅니다. 그래서 당연히 우리는 '보지 못하는 자'가 되고, 그럼에도 불구하고 '믿는 자들'이어서 '복된 자'들이 될 수 있습니다.

우리 그리스도교인들은 '보지 않고'도 많은 것을 믿으려 합니다. 믿음 없다는 말이 두려워서일까요? 그리하여 '복되다'에서 멀어져서 형편이 어려워질까봐 그런 걸까요? 예수는 의심을 품는 도마에게는 아낌없이 보여주었습니다. 이 작품에서 도마의 의심과 어둠이 믿음과 빛남으로 충만해지는 그 순간이 화면 가운데에서 손가락과 옆구리의 빛나는 접점에 표현되어 있습니다. 도마는 부활한 예수의 확증을 잡으려는 사람입니다. 그가 평생토록 그리고 2000년이 지난 지금까지 '의심 많은 도마'의 불명예를 안는다고 하더라도 말입니다. 사리치의 저 장면에 나타난 부활한 주님과 의심하는 도마의 관계는 아주 특별합니다. 그의 의심은 어쩌면 긴 시간 동안 부활한 예수를 보지 못할 모든 공동체와 신앙인들이 믿음을 지속하고 위로의 대답을 들을 수 있게 할 것이기 때문입니다.

주여, 우리를 불쌍히 여기소서…….

마르크 샤갈, 〈메시아의 때 Temps Messianiques〉, 1931

메시아의 때

이 작품은 메시아가 도래하는 그날에 대해 이사야 선지자가 선포한 부분을 묘사한 에칭입니다. 구원의 때에 이러한 경이로운 광경이 벌어지리라는 이사야의 묵시와 샤갈의 표현입니다.

그때는 이리가 어린 양과 함께 살며, 표범이 새끼 염소와 함께 누우며,
　송아지와 새끼 사자와 살진 짐승이 함께 풀을 뜯고,
　어린아이가 그것들을 이끌고 다닌다.
　암소와 곰이 서로 벗이 되며, 그것들의 새끼가 함께 눕고,
　사자가 소처럼 풀을 먹는다.
　젖먹는 아이가 독사의 구멍 곁에서 장난하고,
　젖뗀 아이가 살무사의 굴에 손을 넣는다.

〈이사야〉 11:6~8

이사야는 실제로 도저히 일어날 수 없는 광경을 말하고 있습니다.

특히 그가 활동하던 때의 암울함과 어두움에서 앞으로 도래할 구원의 날을 노래합니다. 우리는 흔히 인간의 질병과 가난과 슬픔이 없는 구원을 말하지만, 이사야는 창조물 간의 화목한 구원을 이야기합니다. 사나운 야수와 어린 새끼, 초식동물과 육식동물, 교활하고 치명적인 것과 순진무구한 것이 공존하고, 이 땅에서 반목하고 대립하며 약육강식의 원리에 지배를 받는 고리가 끊어지고 지금은 도저히 공존이 불가능한 존재들이 화목해지는 때, 그때가 구원의 때입니다.

샤갈은 특유의 동물을 다정다감하고 소박하게 표현했습니다. 독기와 사나움이 빠져나간 강자들과 무서움을 모르는 여린 약자들이 함께하는 세상을 그렸습니다. 작품 상단에는 여호와의 표상이 세계를 덮고 있고, 가운데에 후광이 표시된 메시아가 함께 있습니다. 유대인 샤갈은 아직 오지 않은 메시아를 그렸을 수도 있고 이미 온 예수 그리스도를 그렸을 수도 있습니다.

지구상의 개체와 개체 사이의 상하 구조와 힘의 역학이 사라진 세상을 상상해본 적이 있습니까? 우리는 그것에 이미 길들여지고, 당연하다고 여기며 살아가고 있습니다. 우위에 서는 것이 이상이고, 그것을 누리는 것이 이상의 실현이 되는 시대입니다. 이사야는 권력과 소유에 대한 본성으로부터 빚어지는 세계를 멀리하고 서로의 다름을 판단하는 세계를 떠나, 해함도 상함도 없는 '메시아의 때'가 오기를 노래합니다. 그 메시아의 때, 구원의 날이 어떠할지 한 주간의 노동이

안식을 향해 가고, 해마다 성탄을 앞두고 메시아를 기다리는 연습을
하면서 우리는 기대할 수 있습니다. 그때에 대한 사유와 믿음이 풍성
할수록 종말의 빛이 현재를 더 환하게 비출 것입니다.

조르주 루오와 함께하는

사순절, 고난주간

그리고 부활절

첫째 주일
Invokavit, 그가 나를 부를 때

둘째 주일
Reminiszere, 기억하여주십시오

셋째 주일
Okuli, 내 눈은 언제나 주님을 바라봅니다

넷째 주일
Laetare, 그 성읍(예루살렘)과 함께 기뻐하고 즐거워하여라

다섯째 주일
Judika, 하나님, 나를 변호해주십시오

여섯째 주일
고난과 죽음

부활
세 사람이 있는 풍경

사순절은
부활절을 준비하는 40일의 기간을 말합니다.
독일의 교회력에는 사순절 기간 중의 주일에
각각 이름을 붙였는데
그 이름들은 관련 성구의 라틴어 초성입니다.
이 이름을 따라 20세기 최고의 종교화가
조르주 루오의 작품과 함께합니다.

조르주 루오, 〈그리스도 Christ〉, 1937

첫째 주일

Invokavit, 그가 나를 부를 때

사순절 첫째 주일의 이름은 "Invokavit(인보카비트, 그가 나를 부를 때)"이며, 〈시편〉 91:15에서 가지고 왔습니다. 이 작품을 그린 조루주 루오는 평생 동안 그리스도를 추구하는 영성을 작품으로 표현했습니다. 그의 작품에서 나타나는 두드러지는 특징은 인물과 사물을 표현할 때 주로 강렬한 테두리를 표현한다는 것입니다. 이것은 화가 수업을 받기 전에 했던 스테인드글라스 작업에서 영향을 받았으며 그의 굳건한 내면을 나타냅니다.

〈그리스도〉에서 가장 먼저 눈에 들어온 것은 독특하게 정면이 아닌 옆모습의 그리스도입니다. 멀리 예루살렘을 배경으로 고뇌하는 그의 옆모습인데, 구레나룻인 듯 턱인 듯한 힘찬 선이 움푹 들어간 눈과 광대뼈의 연약하고 지친 표정을 보완해주고 있습니다. 그가 머리에 두른 띠는 그 시대 의상의 일부로 한 평범한 남자의 모습을 나타내지만, 긴 뒷목선과 깊게 감은 눈, 무겁게 다문 입에서는 숭고함을 느낄 수 있습

니다. 또한 예루살렘을 정면으로 바라보는 설정이 아니라 옆으로 돌아
선 화면은 그리스도의 심층적인 고뇌를 엿보게 합니다.

　작품의 상단에 떠 있는 '붉은 것'을 보십시오. 처음으로 떠오르는
생각은 성자들의 머리 주변에서 빛나곤 하던 후광입니다. 후광을 정
면에서 그릴 때는 성자들의 머리를 둥글게 감싸는 모양으로 표현되
지만 그 후광은 사실 입체적인 것입니다. 만일 루오가 그린 저 '붉은
것'이 후광이라면 후광을 평면화한 다음에 측면으로 시각화한 것이
라서 상당히 재미있는 표현으로 이 작품에서 큰 매력입니다. 그러나
후광으로만 보기에는 압축된 강렬함과 그리스도가 오히려 그 아래
있다는 느낌이 들 정도로 비중이 있습니다. 그래서 '하나님 나라의 압
축된 표상'으로 〈출애굽기〉에서 이스라엘 백성들을 인도하던 구름기
둥과 불기둥의 복합적인 형태가 아닌가 하는 생각이 들었습니다. 루
오의 다른 작품들 몇 점에서 이 '붉은 것'을 볼 수 있는데 하나님의 나
라를 의미하는 지점에 그려져 있습니다. 붉고 강렬한 것, 곧 하나님
나라 아래에서 깊이 숙이는 모습은 그의 간구와 온전한 순종을 보여
줍니다. 루오가 그린 그리스도의 옆모습에서 그의 중간자의 자리, 대
속자의 자리, 간구자의 자리가 느껴지십니까?

　그가 나를 부를 때, 내가 응답하고,
　그가 고난을 받을 때, 내가 그와 함께 있겠다.
　내가 그를 건져주고, 그를 영화롭게 하겠다.

〈시편〉91:15

Reminiszere, 기억하여주십시오

사순절 둘째 주일의 이름은 〈시편〉 25:6을 인용한 "Reminiszere(레미니스제레, 기억하여주십시오)"입니다. 이 주제에 관한 작품으로 예수가 아닌 인간과 세상을 그린 〈피난〉을 선택했습니다. 이 광경은 전쟁에서 피난하는 모습입니다. 이는 마치 어려운 현실에서 탈출하는 현대판 출애굽의 장면으로 보이기도 합니다. 약속의 땅을 향해 걸어가는 지친 모습의 군상이 전체적으로 암울한 분위기로 그려졌습니다. 무거운 짐을 짊어진 가장, 젖먹이를 힘겹게 안은 아내, 그 뒤를 따르는 어린아이들이 노을 진 하늘에 지는 해를 뒤로하고 걷고 있습니다. 하늘 가운데 있는 한 가닥의 검은 줄기가 희망의 부재로 느껴집니다.

실제로 이 땅에서 우리의 삶이 바로 피난의 삶입니다. 자연의 재난이나 전쟁으로 인한 피난도 있지만 대부분은 우리 삶으로부터의 피난입니다. 가난, 질병, 슬픔, 고독, 권태 등 피하고 싶고 벗어나고 싶은 삶의 현실들로부터 말입니다. 어찌 보면 욕망의 실현, 꿈의 실현조차

조르주 루오, 〈피난 Exode〉, 1935~1945

도 피난의 방식일 수 있습니다. 인자人子로 온 예수는 이런 현실을 함께 경험했으며 "벗어나고 싶은 현실"에서 "향해야 하는 현실"로 이끄는 인도자입니다.

이와 관련하여 떠오르는 〈마태복음〉 4:1~11은 예수가 성령에 이끌려 광야에서 마귀에게 시험을 받는 장면입니다. 마귀가 제시한 세 번의 유혹은 40일 동안 금식한 인간 예수가 '벗어나고 싶은 현실'에서 벗어날 수 있어 보이도록 하는 강력한 길이었습니다. '완전한 피난의 길'처럼 보이는 유혹이지만 예수는 인간의 피난에 마침표를 찍고 '향해야 하는 현실로의 길'을 선포합니다. 십자가의 길이 순종의 마침이라면, 이 본문은 피난의 인도자인 예수가 인간의 처지를 기억하고 방향타를 잡는 순종의 시작입니다. 그러하신 주님이 우리를 피난에서 인도하시고 우리도 그러하신 주님을 기억합니다.

주님, 먼 옛날부터 변함없이 베푸셨던
주님의 긍휼하심과 한결같은 사랑을 기억하여주십시오.

조르주 루오, 〈그리스도의 머리 Head of Christ〉, 1937

셋째 주일

Okuli, 내 눈은 언제나 주님을 바라봅니다

사순절 셋째 주일의 이름은 〈시편〉 25:15을 인용한 "Okuli(오쿨리, 내 눈은 언제나 주님을 바라봅니다)"이고, 루오의 그림 〈그리스도의 머리〉를 선택했습니다. 왼쪽으로 약간 기울어진 모습에서 루오의 의도를 알 수 있습니다. 모딜리아니는 이런 인물 구도에서 관능적인 분위기를 자아내지만, 루오의 그리스도는 사려 깊음과 숭고함으로 이어지고 또한 저 멀리 '홀로 있음'을 보여줍니다.

예수의 이맛전은 머리카락 경계선이 고르지 못해서 빛의 발산을 그려놓은 듯 빛나는 영靈을 느끼게 합니다. 저런 모양의 코는 불혹不惑의 분위기라고 말하고 싶고, 검은 테두리들에도 불구하고 전체적으로 유약해 보일 수 있는 인상에서 예수의 강한 의지를 표출하고 있습니다. 그의 커다란 눈을 보십시오. 그 눈으로 인간을 바라본다면 그 안에 무한한 긍휼을 담은 것 같고, 그 눈이 하나님을 바라보는 것이라면 결국 긍휼히 여김을 이끌어낼 것 같은 호소를 담았습니다.

예수는 잡히기 전 겟세마네 동산에서 세 명의 제자들과 기도했습니다. 그때 예수는 "내 마음이 괴로워 죽을 지경이다"라고 토로할 정도였고, 예전에 제자들 앞에서 예수의 영광이 해같이 빛나던 바로 그 산에서 진액을 쏟는 기도를 합니다.

제자의 배신으로 잡혀서 고난당하고 죽으리라는 것, 따르던 모든 이와 함께하던 제자들조차도 두려워 떠나버리리라는 것 그리고 어느 새벽에 부활하게 될 것을 예수는 알았을까요? 그의 기도에는 인간과 하나님의 아들로서의 간구가 모두 담겨 있습니다. 그러기에 그 기도에는 양단이 있고 교차가 있습니다. 인간의 삶으로 얻은 모든 자기 自己와 그것에 연루된 것들을 비워내고 인간으로서 받아들여야 하는 고통을 위한 간구일 것입니다. 인자人子로 메시아에 도달하고, 메시아로서 인자의 고난을 위해 내려와야 하는 이 모든 것을 그의 내면에서 일치시키기 위한 간구의 시간이었습니다. 예수, 그의 눈은 하나님을 바라보고 있었습니다.

주님만이 내 발을 원수의 올무에서 건지시는 분이시기에,
내 눈은 언제나 주님을 바라봅니다.

넷째 주일

Laetare, 그 성읍(예루살렘)과 함께
기뻐하고 즐거워하여라

예루살렘을 사랑하는 사람들아,

그 성읍과 함께 기뻐하고 즐거워하여라.

예루살렘을 생각하며 슬퍼하던 사람들아,

너희는 모두 그 성읍과 함께 크게 기뻐하여라.

넷째 주일의 이름은 〈이사야〉 66:10에서 인용한 "Laetare(라에타레, 그 성읍과 함께 기뻐하고 즐거워하여라)"입니다. 조르주 루오의 작품으로 한정지어놓기도 했지만 이 이름에 적절한 그림을 찾기는 쉽지 않았습니다.

이 작품은 루오의 〈성지聖地〉인데 밝고 환한 노란색으로 가득 찬 화면은 루오 특유의 무게감 있는 터치로 인해 가벼워 보이지 않습니다.

조르주 루오, 〈성지 Terre sainte〉, 1952~1956

가장자리의 장식은 마치 창을 통해 예루살렘을 바라보는 것 같습니다. 예루살렘 성전이 보이고 큰길에서 그리스도와 사람들이 이야기를 나누고 있고 주위의 밝고 환한 땅 여기저기에 푸른 색이 둘러져 있습니다. 마치 물길 같기도 하고 이 땅이 하늘 위에 떠 있는 것 같기도 합니다. 그리고 위쪽으로 태양 빛이 가득 드리워져 있어 평화롭고 안온한 생명력이 느껴지는 전경입니다.

사실 예수의 생애에서 이 작품처럼 예루살렘과 화평한 적은 없습니다. 오히려 〈누가복음〉 13:34에서 예루살렘을 향해 탄식의 말을 했습니다.

예루살렘아, 예루살렘아, 예언자들을 죽이고, 네게 파송된 사람들을 돌로 치는구나!
암탉이 제 새끼를 날개 아래 품듯이 내가 몇 번이나 네 자녀를 모아 품으려 했더냐!

예루살렘은 그리스도에게도 옛 예언자들과 마찬가지로 수난과 죽음의 장소였습니다. 그는 '만민이 기도하는 집'이라 불리던 예루살렘이 타락한 것을 보고 '강도들의 소굴'이라고 했습니다. 그리고 생의 마지막에 예루살렘에 입성한 후 성전에 들어가서 다음과 같이 했습니다.

성전 뜰에서 팔고 사고 하는 사람들을 내쫓으시며

돈을 바꾸어주는 사람들의 상과 비둘기를 파는 사람들의 의자를 둘러엎으시고,

성전 뜰을 가로질러 물건을 나르는 것을 금하셨다

〈마가복음〉 11:15~16

　이 사건은 종교 지도자들을 자극하여 예수를 제거하려는 결정적인 계기가 되었습니다. 보잘것없는 청년이 나사렛에서 시작하여 유대교의 정점인 예루살렘 성전에 이르렀고, 그곳의 타락과 모략으로 점령국 로마에 체포됩니다. 그러나 예수는 예루살렘의 속죄를 위해 스스로 '산 제물'의 길을 걸어가고, 예루살렘과 진정한 화목의 길을 열었습니다.

　루오의 이 작품은 이 땅의 '보이는 성전'이 아니라 '보이지 않는 성전' 즉 '그리스도와 일치하는 성전'을 자신의 영적인 창을 통해 묘사했습니다.

다섯째 주일

Judika, 하나님, 나를 변호하여주십시오

사순절 다섯째 주일의 이름은 "Judika, 하나님, 나를 변호하여주십시오"로 〈시편〉 43:1을 인용했고, 루오의 〈수난〉을 선택했습니다. 이 그림은 예수가 잡혀와 재판을 받는 법정의 일부 모습인데 현대적인 법정으로 설정했습니다. 화면 앞자리에는 외관상 로마의 권력자와 유대 종교 지도자로 보이는 사람이 나란히 앉아 있고 뒷자리에는 예수와 로마 병정처럼 보이는 사람이 있습니다.

예수는 공생애 기간 동안 동족과 종교인들에게 판단을 받으면서 하나님 나라를 가르쳤습니다. 그가 생의 마지막에 산헤드린 공회에 의해 법정에서 심문을 받은 것은 처음이자 마지막입니다.

이 법정에서 빌라도가 "당신이 유대인의 왕이오?"라고 묻자 "당신이 그렇게 말하고 있소"라고 대답하는 바로 그 장면으로 보입니다.
그림에서처럼 그는 입을 굳게 다물고 더 이상 스스로를 변호하지

조르주 루오, 〈수난 Passion〉, 1929~1945

않습니다.

"당신이 그렇게 말하고 있소."

부정하지 않는 이런 대답은 예수 스스로 죽음의 나락으로 떨어지는 결정이었습니다.

여기서 모순되게도 광야에서 악마가 예수를 시험했던 대목이 연상되었습니다.

"네가 하나님의 아들이거든, 여기에서 뛰어내려보아라"

〈마태복음〉4:6

우주적이고 종교적인 칭호인 '하나님의 아들'이라는 것을 증명하라는 유혹에는 성전 꼭대기에서 뛰어내리지 않았고, 세상적이고 정치적인 자리인 '유대인의 왕'인가라는 부당한 물음에 생명에서 뛰어내리는 대답을 했습니다.

지금 예수는 동고동락하던 제자의 배신을 지나 같은 민족이 만들어둔 억울함의 덫에 갇혀 있습니다. 생각해보십시오, 배신과 억울함이 어떠한 것일지. 예수가 이 수난의 시간을 걸어갈 때 하나님의 아들이어서 배신과 억울함의 고통이 없거나 덜하다면 고난이 아닐 것입니다. 저렇게 입이 없는 것처럼 대답을 하지 않으면서 하나님의 변호를 바라보고 있습니다. 예수의 몸과 주위를 감싸고 있는, 다른 이들의 눈에는 보이지 않을 황금빛 은총이 큰 위로가 됩니다.

　인간들의 법정에서 죽음의 고난에 넘겨진 예수는 종말에 심판자로
다시 옵니다. 악이 가득한 세상을 응징하는 차원의 심판이 아니라 진
리를 드러내고 생명을 완성하는 심판의 주인으로 말입니다.

　하나님, 나를 변호하여주십시오.
　비정한 무리를 고발하여 내 송사를 변호하여주십시오.
　거짓을 일삼는 저 악한 사람들에게서 나를 구해주십시오.

고난과 죽음

조르주 루오와 시인 앙드레 쉬아레스André Suarès가 함께한 작품집《수난》중 하나입니다. 루오의 이 작품에 쉬아레스는 이렇게 읊조립니다.

"같은 밤 함께 죽어"

예수가 십자가에 못 박힐 때 좌우에 두 명의 죄인이 있었습니다. 이들과 나눈 대화는 복음서에 잘 기록되어 있습니다. 기하학적인 조형미가 물씬 풍기는 구도로 이 상황을 표현한 그림과 거기에 쓴 쉬아레스의 시구에 감탄합니다. 루오는 그림에 태양을 자주 그려 넣는데, 이 작품에서는 예수의 운명처럼 발치에서 저물고 있습니다. 가운데에 예수가 있고 좌우에 두 죄인을 옆모습으로 배치함으로써, 예수를 중심으로 삼각 구도를 이룹니다. 이렇게 정면의 예수와 측면의 두 죄인은 함께 죽는 동류의 운명임을 강하게 전달하고 있습니다. 복음서에

조르주 루오, 〈수난, 두 강도 사이에서 십자가에 달린 그리스도
Scene of the Passion, Christ on Cross between two thieves〉, 1939

나온 세 사람의 대화에서는 예수와 두 죄인이 차별화되지만, 예수는 결국 두 죄인과 같은 죽음에 이릅니다. 쉬아레스의 "같은 밤 함께 죽어"의 '함께'가 루오의 작품에서 각별하게 다가옵니다.

우리는 흔히 "예수는 십자가에 못 박히기 위해 이 땅에 왔다"라고 합니다. 그래서 이 십자가는 그의 필연적인 의무의 자리라고 생각할지도 모릅니다. 결국 예수는 십자가 형벌로 죽지만 그의 자유 가운데에서 선택한 자리라고 믿습니다. 자유 가운데에서 죽음의 길을 선택한 그 안을 들여다보면 하나님과 인간을 향한 그의 사랑과 자신의 자리에 대한 깊은 동의를 볼 수 있습니다.

지금 이 시간, 예수는 유대와 사마리아를 다니면서 죄인과 병자들과 함께하며 그들을 일으킨 것처럼 죽음의 순간에도 두 죄인을 일으켜 함께 죽습니다. 그렇습니다. 이 작품에서처럼 예수는 우리와 함께 죽은 것입니다. 바꾸어 말하면 우리는 그날 밤 예수와 함께 죽었습니다.

부활

세 사람이 있는 풍경

　루오의 〈세 사람이 있는 풍경〉입니다. 이는 〈누가복음〉 24:13~35의 '엠마오로 가는 길'에서 두 제자가 부활한 예수 그리스도를 만나는 장면을 그린 것인데, 앞선 예수의 고난과 죽음에 이르는 암흑을 넘어선 다른 세계의 풍경입니다. 세 사람은 생명감이 넘치면서 어느 정도 톤이 가라앉은 색과 구도적으로 안정감이 있는 곳에 있습니다. 멀리 있는 예루살렘도 아름다운 색들이 어우러졌고, 수평을 이루는 균형 잡힌 가로선들에 의해서 보는 이들로 하여금 편안한 느낌을 갖게 합니다. 흥미로운 점은 태양의 위치와 세 사람의 그림자가 서로 맞지 않는다는 것인데, 루오가 표현하고자 하는 현실을 2차원적 화폭에 담아내기 위해서는 하는 수 없습니다.

　〈누가복음〉 24장에는 두 제자가 예수를 인식하지 못한 채 세 사람이 대화하며 길을 갑니다. 그러다가 그가 주는 떡을 받고 나서야 부활한 예수를 알아봅니다. 이 그림을 물끄러미 보고 있으면 지금까지 내

조르주 루오, 〈풍경 Paysage〉, 1948

가 보았던, 부활의 예수를 만나는 그림들의 분위기와는 사뭇 다르다는 생각이 듭니다. 화면에서 세 사람의 비중은 부활이라는 엄청난 사건에 비해 축소된 느낌이고, 생명이 약동하는 전경은 아름답고 환합니다. 부활한 예수를 만나는 장면을 묘사한 대부분의 작품은 전체적으로 어두운 색조의 배경에 부활한 예수와 제자들만 부분적으로 밝습니다. 그러나 루오는 엠마오로 향하는 제자들이 예수를 만났을 때를 이렇게 그렸습니다.

'이 상황에서 이렇게 밝은 생명력이 넘치는 것은 제자들의 눈앞에 예수가 나타났기 때문이 아니라 오히려 부활한 예수의 생명 세계에 제자들이 유입되었기 때문이 아닐까? 다시 말해 예수가 우리의 현실에 나타난 것을 묘사했다기보다는 제자들이 들어간 예수의 세계를 그린 것이 아닐까?'

이런 생각이 들었습니다. 뜻밖에 루오의 그림에서 시작된 이 생각을 확인하고 싶어서 복음서에서 부활한 예수의 대목들을 다시 읽어보고 바울의 경험까지 둘러보았습니다. 〈고린도전서〉 15:4~8에서 바울은 이렇게 말합니다.

무덤에 묻히셨다는 것과, 성경대로 사흘날에 살아나셨다는 것과, 게바에게 나타나시고 다음에 열두 제자에게 나타나셨다고 하는 것입니다.

그 후에 그리스도께서는 한 번에 오백 명이 넘는 형제자매들에게 나타나셨는데,

　그 가운데 더러는 세상을 떠났지만, 대다수는 지금도 살아 있습니다.

　다음에 야고보에게 나타나시고, 그 다음에 모든 사도들에게 나타나셨습니다.

　그런데 맨 나중에 달이 차지 못하여 난 자와 같은 나에게도 나타나셨습니다.

부활한 예수 그리스도의 불연속적인 행적과 승천, 한참 후에 바울에게 현현한 것 등을 생각한다면 예수 그리스도의 생명 세계에 소수의 특정 인물들이 함께했다고 보는 것이 더 타당하다는 생각이 들었습니다. 즉 부활한 예수 그리스도가 우리의 현실로 움직이는 것이 아니라, 예수 그리스도의 부활을 경험한 자들이 그의 세계로 들어갔다는 것입니다. 과학에서 하늘이 움직이는 것이 아니라 땅이 움직이는 것을 알았을 때에도 물질 세계의 겉보기는 거의 변함이 없었고, 해석이 불가능했던 오류와 오차들이 조정되었습니다. 승천의 묘사도 예수 그리스도가 멀어지는 것이 아니라 예수를 경험하는 사람들 앞에서 생명의 세계가 닫히는 모습을 표현한 것일 수 있습니다. 이러한 생각의 장점은 예수 그리스도가 죽은 후 부활하여 바울과 수많은 사람들에게 불연속적으로 나타나고, 벽을 넘나들고 거리를 초월하는 등의 행적을 보인 것을 해석하는 데 무리가 없다는 것입니다. 무엇보다

도 예수 그리스도가 종말에 다시 온다는 묘사는 특별한 공간으로의 운동이 필요하다고 이해합니다. 그러나 종말에 그 생명의 세계가 온전히 열린다는 생각으로 같은 시공간에 우리와 함께하는 예수 그리스도와의 유대감이 강렬해집니다.

또 복음서에는 부활한 예수 그리스도와 함께 떡을 떼는 장면이 여러 차례 나옵니다. 제자들이 모여 예수를 기억하며 떡을 뗄 때, 엠마오를 향해 가는 길에서 예수가 제자들에게 떡을 줄 때, 디베랴 바닷가에서 고기를 잡고 불가에서 떡을 뗄 때 등의 장면은 성만찬을 떠올리게 합니다. 그렇다면 지금 우리가 떡을 떼며 주를 기억하는 시간은 예수 그리스도의 생명 세계에 초대받는 특별한 때가 될 수 있습니다. 저 그림 속 부활한 예수 그리스도와의 한때를 기억하며, 메시아의 세계에서 비출 한 줄기 빛을 바라볼 수 있기를 기도합니다.

이마고 데이, 하나님의 모습을 찾아서

1판 1쇄 인쇄 2022년 2월 15일
1판 1쇄 발행 2022년 2월 28일

지은이 구유니스
펴낸곳 도서출판 비엠케이

편집 김미진
디자인 아르떼203
제작 (주)재원프린팅

출판등록 2006년 5월 29일(제313-2006-000117호)
주소 121-841 서울시 마포구 성미산로10길 12 화이트빌 101
전화 (02) 323-4894 **팩스** (070) 4157-4893
이메일 arteahn@naver.com

값은 뒤표지에 있습니다.
ISBN 979-11-89703-33-2 03230